の明日が変わる！

アドラーの知恵

The sense of ADLER

Hoshi Ichiro

星一郎

海竜社

はじめに　――理屈や知識より「知恵」で心を元気にするアドラー心理学――

アドラー心理学はあらゆる心の癒《いや》しの先駆《さきが》け

オーストリア出身の精神科医・心理学者、アルフレッド・アドラー（1870～1937）が亡くなって80年近くになろうとしています。でも、今もなお、というより最近ますます、その人気は健在のようです。

アドラー心理学の、どこにその魅力があるのでしょう。おそらく、生きていくことに前向きになり、自信がついてくるからではないでしょうか。それはなぜか。

アドラー心理学では、人間は一人ひとり独自の生き方をしているという考え方が基本にあります。だから、人を分類し十把《じっぱ》ひとからげにして、レッテルを貼るようなことはしません。個々人をとても重視します。

またその個人をさまざまな要素に分割して、よく言われる知・情・意や、理性と感性、精神と肉体、心と体、意識と無意識など、人間を全体として捉えないでばらばらにしてしまうような捉え方はしません。近代的自我の分裂といったイメージで、人間を捉えるようなこともしません。

アドラー自身、自分の心理学を「個人心理学」（Individual Psychology）と呼んでいますが、これはまさに「分割」（divide）「できない」（in＝not）のが個人であり、その「個人の」（individual）心理学なのだ、という考え方を表しています。

もちろん、最近はアドラーだけでなく、ちょっと専門的になりますが「認知療法」やＮＬＰ（神経言語プログラミング）と言われるものにしても、個々人を重視しています。ですから、個々の重視が必ずしもアドラーだけの特徴ではありません。

しかし、どんなに新しい心理療法が出てきても、ほとんどはアドラーに基があると言ってもいいと私は考えています。じつは、そこがアドラーのすごいところなのですが、意外にそのことが一般に知られていないのです。

言い換えれば、アドラーには、あらゆる心の癒し方の先駆けのようなところがあります。どんなに高度な理論でも、原点はアドラーということが少なくないのです。

もちろん、アドラーを乗り越えて、現状に満足せず、もっともっとよい心理療法が現れてくればいいと私は思っています。

しかし学者ならともかく、一般の人が自分自身や、子どもや家族、会社の人たちなど、周囲の人の心と向き合うときには、心の療法の原点とも言えるアドラーの考え方を知ることは、新しい療法をあれこれ試すよりはよいことでしょう。

逆に、過去の伝統的な心理学や精神医学によって、長い間、信じ続けられ、常識になっているような考え方の中には、現在の時点、とくにアドラー以後の心の捉え方からすると、日常的な人間の不安や劣等感といった心の問題への対処法としては、必ずしも適さないものもあるようです。

実際の場でこそ役立つ「アドラーの知恵」

そうした新旧いろいろな心の捉え方があった中で、アドラーの考え方はどんな点で私たち一般の人間に役立つでしょうか——。

私は、アドラーの心理学を勉強する中で、彼の理論の研究というよりも、いろいろな実際の場で、彼の考え方がどう生かせるか、いわば「アドラーの知恵」とでも言うべきものを追い求めてきました。

本書ではその結果の一端《いったん》として、たとえば次のような点に「アドラーの知恵」の特徴があるのではないかと考え、それに従って章構成をしてみました。

1、結果よりプロセスを大事にしたほうが結果もよくなります。
2、ほめるより共感することで勇気づけをします。
3、ダメな人間にもダメでない例外があることに注目します。
4、自分だけの幸せでは本当の幸せは得られません。
5、いじめられっ子が辛《つら》いのは、いじめより無関心です。
6、もめごとから逃げるのではなく、場を外《はず》すという知恵があります。
7、変えられない過去も他人も、自分が変われば変えられます。

つまり本書では、心理学の歴史や理論をたどって、体系的にアドラーの考え方を説くのではなく、それを私たちの人生にどう生かせるかという、実践的なところに焦点を当ててみたいと思ったのです。

それこそが、アドラーを学ぶことの本当の意味であることを、皆さんにぜひ知っていただきたいと思います。
そうすれば、あなたの人間関係はもっと楽になり、ハッピーでクリエイティブな人生をおくることができるはずです。一人でも多くの人に、この「アドラーの知恵」が役立つことを願ってやみません。

二〇一五年四月

星　一郎

目次

第1章

結果よりプロセスを大事にすると結果もよくなる

──心理学の常識を超えるアドラーの知恵

第2章

失敗を「足し算」で捉えると、成功への近道になる

——劣等感を逆手にとって利用するアドラーの知恵

第3章

ダメな自分にも、ダメでない「例外」が必ずある

――「思考」ではなく「行動」で人間を変えるのがアドラーの知恵

第4章
自分だけの幸せでは、自分も幸せになれない
——「共同体感覚」を持てばほとんどの悩みが解決するアドラーの知恵

第5章

いじめられっ子が辛いのは、「いじめ」より「無関心」

──「自分が他者をどう思うか」を信頼関係の出発点にするアドラーの知恵

第6章

逃げるのではなく、場を外すのが解決への第一歩

──「怒り」「落ち込み」「不安」「不満」を解決するアドラーの知恵

第7章

変わらない他人も過去も、自分が変われば変わる

——難しい他人や運命と付き合うアドラーの知恵

第1章

結果よりプロセスを大事にすると結果もよくなる

——心理学の常識を超えるアドラーの知恵

「劣等感」を成長の源に

人は誰も幸せになりたい、幸福に生きたい、悩みや病気などの心身の苦痛もなく、楽しく暮らしていきたいと思っています。

ひどい場合には、つらい持病に長年悩まされて生きていたくない、そうなったら早く死にたいなどと思っている人も、世の中にはいることでしょう。

でも、はたから見て、不幸には見えず、むしろ恵まれているように見える人でも、自分のことを幸せではないと思っている人も少なくありません。

反対に、家庭的にも苦労が絶えず、経済的にも恵まれず、どう見ても世間一般から見れば不幸のように見える人なのに、明るく楽しそうに毎日を過ごしている人もいます。

このように、幸福感というものは人によってまちまちです。

それをアドラーは人が持っている「劣等感」が心の発達に大きく影響しているからだと考えました。

つまり、アドラーは、心の発達は劣等感の克服《こくふく》にあると考えたのです。ですから、「劣等感について考える」ということは、「アドラー心理学」の基本的な考え方を繙《ひもと》くことにもなります。

人が「成長する」「前に進める」ということは、劣等感があればこそという発想なのです。

つまり、**劣等感を成長のためのプラス材料にしている**ということです。

幸福感も劣等感もアドラー心理学で解釈すれば、なるほど人間とはそういうものだなと納得させてくれるでしょう。そして、どうすれば一人ひとり、今よりも前に進んで成長していけるのかが見えてくると思います。

そういう意味で、これほど、人間の迷いや悩みを理路整然と解き明かしてくれる心理学はあまりないと思っています。

ですから、アドラー亡き後、一時アメリカにおいて、アドラー心理学が、「とにかく周りの人と仲良くすればいい。その場に合わせれば嫌われなくてすむ」といった適応主義に思われたことがあったのは残念でした。

教育の分野にアドラー心理学を広めていったルドルフ・ドライカースなどのグループがいたのですが、彼らの功績は認めながらも、もともともっと創造的だったアドラー心理学が、いささか小さくなってしまったような気がしたのです。

そこで、**本書では、「なぜ人間は成長しなければいけないのか」ということにまで答えてくれる「アドラー心理学」本来の原点に戻ってみたい**と考えています。

そうすることで、私たちが生きていくうえで、これぞと思われる「アドラーの知恵」を拝借できるようになると思うからです。

アドラーの治療は「再教育」である

オーストリアの精神科医で心理学者でもあるヴィクトール・フランクル（1905〜97）は、精神分析学の祖と言われるフロイト（1856〜1939）に師事して精神医学を学んでいますが、彼は、「自分の考えはアドラーとフロイトの肩に乗って、遠くまで見た」という表現をしています。

自分の考え方は、アドラーの思想が基礎となっているということでしょう。

フランクルはユダヤ人で、家族とともに強制収容所に入れられ、両親と妻を収容所で亡くした経験があり、その体験を著した『夜と霧』は世界中で翻訳され、英語版だけでも9

００万部、半世紀以上経った今でも人々に大きな影響を与えています。

また、病の認知療法を考え出したアメリカのアーロン・ベック（１９２１〜）は、うつ病治療の精神科医として有名ですが、彼は『認知療法』の序文にはっきりと「アドラーに感謝します」と書いているほどです。

認知療法とは、認知行動療法とも呼ばれ、受け取り方や考え方に働きかけて、気持ちを楽にする心理療法の一種です。

したがって、精神分析に替わって注目されている認知行動療法の基本的な考え方も、アドラー心理学の影響を受けていることがわかると思います。

また、精神分析における「人格を変える作業」は、無意識に閉じ込めていた心的エネルギーの源（イド）やエゴを、もう一度自分の中に取り込み、それを変える作業です。

これには時間もかかり、場合によっては、何年かかっても成功しないという例も多いのです。これに対して、アドラーの考え方を使った療法は、できるだけ早く効果を出そうとしています。これもまた、アドラーの心理療法が見直されるきっかけになった一つでしょう。

アドラーは、治療のことを「再教育」と言っています。相手の人格を病気のように見て

否定するのではなく、もう一度教育し直して、他者との関係を見直してもらうことで、症状を改善しようというのです。

それによって、アドラーは、彼が最重要視した「共同体感覚」を育てることができると考えました。

のちほど詳しくお話ししますが、「共同体感覚」はアドラーの思想において、もっとも大きな特徴と価値観を持っています。

多くの学者・研究者・実践家がアドラーを見直し、感謝しているのは、そうした身近な共感できる方法と価値観を持っていたからではないでしょうか。

「結果」よりも「プロセス」を見る

たとえば、これまで長いあいだ教えられてきた、精神分析を代表とする心理学は、過去のトラウマ（心的外傷）が、自分の劣等感の原因になっているというものがほとんどでした。その原因を突き止めることに非常に熱心で、では実際にどうするかということにはあまり熱心ではありませんでした。

それに対して、アドラーは、**原因とか結果を追究するのではなく、具体的に見方を変えることが成長の糧《かて》になる**と考えました。

大切にするのは、原因や結果ではなく、結果に至るまでのプロセスです。

ですから、アドラー心理学からみれば、テストで１００点を取ったからといって偉《えら》いわけではないのです。「１００点取って偉いね」というほめ方はいけないことなのです。なぜならば、偉いのは１００点取ったことではなく、一生懸命に努力をしたことだからです。

たとえば、会社で営業担当が一生懸命に頑張って契約を取ってきたとします。そのときに大切なのは、そこに至るまでの道のりです。

契約を取ってきたという結果ではなくて、契約を取るまでに何回もクライアントのところに通ったり、一生懸命、丁寧《ていねい》にわかりやすく説明をしたりという、契約にこぎつけるまでのそのプロセスを認めなければならないのです。

多くの場合、世の中は結果で判断しがちです。

たとえば、子どもがテストのときにカンニングして１００点を取ったとします。結果は１００点でも、もちろん、それを認めることはできません。大人も同じことですが、育てなければならないのは、努力する過程なのです。

結果をほめず、むしろ頑張ったプロセスをほめてあげることが人を成長させる、これは競争のテーマとしては基本です。この基本は子どもの勉強も大人の仕事でも一緒です。

会社員である部下に、「結果はうまくいかなかったけど、きみはあれだけ頑張ったんだよな。それは必ずまたどこかで役に立つと思うよ」と言う上司がいたら、それは非常に優秀な上司といえるでしょう。

不登校の子どもが、頑張って一日学校に行ったとすれば、それは彼自身の歴史に残る事実です。「学校に行った」という事実を、誰もが認め大切にしてあげればいいのです。**人は結果ばかりに意識が向きがちですが、結果よりも過程に目を向けられると、自分の苦労を見ていた人がいることに喜びを感じ、また頑張ろうというやる気が湧《わ》いてきます。一歩を踏み出すことがどれほど大変かは、考えればすぐにわかること**です。**その努力の事実を認め、ほめることで頑張った本人は励まされ、力を得ます。**

うまくいかなくても「プロセス」を認める

さらに言えば、そのたった一日の登校もできなかったときはどうでしょう。**じつは、ま**

ったく「結果」が出なかったときこそ、もっとも大切にしなくてならないのは、一生懸命に行こうとしたこと、つまり「プロセス」なのです。

自分なりに学校へ行こうと思って一生懸命頑張ったけれど、朝、どうしても行くことができなかった。そうすると、結果として不登校の現象は続いていますが、何も考えずに不登校を続けているのと比べれば、大きな違いがあります。

一生懸命に頑張ろうとした気持ちは、ちゃんと大切に育てなければいけないのです。ですから本人には、「学校に行けなくて残念だったけど、きみは自分でできることを精一杯頑張ったじゃないか。これでいいんじゃないか」という話をするといいのです。

頑張ったこと、努力したことは消えません。

学校の先生は、子どもが一生懸命授業を聞いていることがわかっていて、お母さんは、家で子どもが机に向かって一生懸命に勉強している姿を知っています。

でも、テストを受けたらまったくダメだった。本人はがっかりして落ち込んでいます。「ぼくはこんなに頑張ったのに、全然ダメだった。やっぱりぼくは頭が悪いんだ」と思ってしまっている子どもに対して、どのように勇気づけたらいいでしょう。

「どうせダメなんだから、ぼくは勉強なんかしてもしょうがない」と言うようにならないためには、「点数は悪かったけれど、一生懸命頑張ったんなら、先生は認めるよ」とか、「お母さんはおまえが一生懸命やったこと、わかってるからね」とか、「今回はダメだったけど、この次また頑張ることでいい点を取れるかもしれないから、もうちょっと頑張ってみたらいいんじゃないの」と、「結果」より「プロセス」を評価してあげるのです。

そう言われればやる気も出てきて、自分自身でもあまり結果にとらわれない人生ができあがっていきます。

結果ばかり気にしていると、ゆとりのある人生にはなりえないのです。

結果がうまくいかないことがあっても、「自分はやるべきことはやった」と、そのプロセスを認め、「この次やるとしたら、どのプロセスでもっと努力すればいいのか」と考えるようになるでしょう。

これこそが、アドラーの基本的な考え方です。

「知識」ではなく「知恵」の心理学

心理学というのは、そもそも厳密な意味では学問ではないと私は思っています。

というのは、日進月歩で発展してきた医学のように、科学技術的進歩が積み上げられて進歩するという現象がないからです。知識が積み重なって新たな技術が生まれるという性格のものではないのです。

アドラーはこのことを、「心理学は知識ではなく、知恵である」と言っています。このように**アドラー心理学は知恵を大切にする心理学ですから、理論ではなく、方法論を教えるもの**といったほうが当てはまります。

あらゆる考え方が並列していて、相談者に対してどれを使うかは相手の症状次第です。学者は学説に合わせますが、カウンセラーである臨床家は患者さんを大切にしますから、必要があれば分析を行なうこともあるでしょう。

私にしても、アドラーを基本にはしていますが、アドラーが絶対的で、その他はまったく認めないということではないのです。ですから、相手次第で、他の治療法のほうがいいと思えば、紹介することもあるわけです。

アドラーは、最初はフロイトの「水曜会」という勉強会に参加しています。それが次第にフロイトの性欲論に納得できなくなって、関係論という論理を持ち出しました。そしてフロイトと意見が合わなくなり、激しい対立をしています。

関係論は、他との関係性を重視するものです。

関係性において、知恵をしぼり、いい関係を築くにはどうしたらいいのかを考えようというものなのです。

しかし私は、フロイトをすべて否定したり、アドラーのすべてを肯定したりしているわけではありません。

要するに、目の前にいる相談者やこの本を読んでくださった方が、これからより良い人生を送る手助けをしたい、そのためにはどうすればいいのかを考えているだけです。そのために、アドラーを基本に据えるのがよさそうだと思っていることは確かですが。

もし、アドラーがわかりやすくて、役立てやすい、優れたところがあるのなら、その「知恵」を十分会得《えとく》すればいいだけのことなのです。

アドラー心理学とは「処世術」

変わりたいと思っている人がいて、カウンセリングを受けたとたんガラッと変わったなどということは、そうそうあるものではありません。

人間の習慣性というものは大変強いものです。そんなにダイナミックに変われたら、まるで魔法使いです。

むしろ、最初から劇的に変わらなくてもいいのです。あとで、よーく見てみれば、そのうちどこかしら変わってきていることがあるからです。

人間は、そう簡単に変わるわけがないのです。そもそも、変わる、変わらない、という二者択一ではないからです。

変わらないといっても、まったく１００パーセント変わらないかといえば、そんなことはないし、劇的に変わったといっても、10パーセントも変わっていなかったり、はたまた50パーセントは変わっていたりと、それは個々に症状によっても全然違うわけです。

それをひっくるめて、変わらないと言ってしまうと、それは間違いでしょう。

本当のところ、「変わろうと思っている」。これだけでも十分に変わったと言えます。

「喜びを言葉に出そうと思った」。これも変わったことに入れていいでしょう。

アドラーの考え方からすれば、オール・オア・ナッシングは基本的には良くないことです。

結果というのは、勝つか負けるかですが、現実はその中間だってたくさんあります。それを大切にしないと、アドラーに反する結果主義になってしまいます。

言ってしまえば、**アドラー心理学は「処世術」です。今を生きる知恵、今を生かす知恵を出しましょうということ**です。

ただ、残念なことに、世の中には「知恵」は「知識」より低いと思っている人がいるようです。

しかし、もともと**知識と知恵を同じ次元で考えることがおかしい**のです。

なぜなら、**「知識」というのは過去のこと**だからです。**過去の出来事を整理し、分類して頭にしまうのが「知識」**です。それに対して、**「知恵」というのは過去ではなく、「今」のこと**です。

たとえば、自分はまったくダメでいいところが全然ないと思っていた人が、3割くらいはダメではないところがあるなと気がつき、前向きに考えることができるようになる――。それが「知恵」の姿です。

ですから**知恵は「今」にある**わけです。**「知識」は過去のことであり、基本的に暗記であるのに対し、「知恵」は今を生き、未来に対処する応用、つまり「処世術」が求められる**のです。

それでも、最近ではしだいに「知恵」が重視されるようになりました。大学入試もＡＯ（Admissions Office）入試といって、「知識」ではなく、その人の持っている「知恵」を表現し、それによって評価されるものに変わろうとしつつあります。

人と比べずに、その人の成長を喜ぶ

今を生きるためのアドラー的な「処世術」として、たとえば、「ナンバーワンではなくて、オンリーワンを目指す」というフレーズは、落ち込んでいる人、自信をなくしている人に、いろいろな場面で使うことができます。

またたとえば、失敗したとしても、「入社して最初にやった失敗と比べれば、ずいぶん少なくなったじゃないの」というようなことを言ってあげます。進歩を認めてもらえたことで、さらに前進する気持ちになれるでしょう。

しかし、「同期の○○さんは、おまえの倍以上やってるぞ」なんて言おうものなら、すっかり落ち込んで「辞めさせてください」ということになりかねません。

人はみな成長していくものです。ですから、**他の人と比べるのではなく、その人の成長**

を喜んであげればいいのです。これは大人でも子どもでも同じです。

子どもは兄弟がいると、「お兄ちゃんはこうなのに、おまえはどうして」とよく言われます。そういう**比較は本人の成長をかえって妨《さまた》げます。発憤《はっぷん》することにならないばかりか、勇気づけにも自信をつけることにもならない**のです。

たとえば、次の親子の会話AとBをみてください。

A.【善悪、良否の評価をした場合】

子「ねえ、見て。お花の絵を描いたんだけど見てくれない？」

母「デッサンはいいけれど、色の使い方がもう一つだな。全体としては60点かな」

B.【相手に判断をゆだねた場合】

子「ねえ、見て。お花の絵を描いたんだけど見てくれない？」

母「どの部分が一番気に入った？」

子「この葉っぱの感じを工夫してみたんだけれど」

母「なるほどね。とても素敵だと思うよ。お母さんもここが好きだね」

◆いいところを子どもに気づかせる◆

子「うれしい」

自分が工夫をしてみたけれど、その判断をお母さんにゆだねた場合、「そうか、その工夫のこのへんがいいね」とか、「この工夫は次の作品にも使えるね」などというように、大切なのは、いいところを子どもに気づかせることなのです。

子どもはあまり自信がなかったようですが、Ｂのように、お母さんのサポートで、「いいんだ、大丈夫なんだ」と、自信が持てるようになるということです。Ａのほうは、つい言ってしまいがちな言葉ですが、良否の評価で60

点と片づけられると、自信を失ってしまうでしょう。

次は、Aの否定的な言葉とBの肯定的な言葉を使って励ました場合をみてください。

A.【否定的な言葉を使って励ました場合】

子「ぼく不器用だから工作が上手にできないんだ」

母「やる前からそんなでどうするの。やらないと上手にならないわよ」

B.【肯定的な言葉を使って励ました場合】

子「ぼく不器用だから工作が上手にできないんだ」

母「早くはないけれど、とても丁寧に仕上げていると思うわ」

Aのように、否定的な言葉を使った場合、〝激励〟になってしまって、自信はつきません。Bは、スピードはそれほどなかったけれども、丁寧にやったんだからいいんじゃないのと、肯定的な言葉を使うことによって、勇気づけがなされています。

ダメだという評価はオール・オア・ナッシングです。**いいか、悪いかの二者択一では人**

の頑張りは量れません。ダメな中のいい部分に着目してもらうようにコミュニケーションを使うわけです。

ここで一つ、気をつけなければならないことがあります。不器用だと本人が言っているので、それは受け入れなければいけませんが、「いや、そんなことはない。おまえは不器用じゃない」と、勇気づけているつもりで言ってしまいます。

しかし、これは、全然勇気づけにはなっていません。

単に、否定的な言葉を使って「激励」しているに過ぎません。

言っている親や上司は、勇気づけているつもりかもしれませんが、まったく逆効果になってしまいます。

なぜなら、「頑張れば、おまえはできるんだ」という励ましは「今はできていないぞ」と批判しているのと同じだからです。「頑張ればできるのに、なぜ頑張らなかったんだ」という言葉が裏に流れているわけです。

ですから、激励されてもうれしくないのです。

「やれば、おまえだってできる」という激励は、「おまえはまだやっていないぞ」という指摘だからです。

最初の章なので、アドラー心理学とは、私たちの生き方にどんな役立ちをしてくれるのか、とりあえず入り口としてのいろいろを、かいつまんでお話ししました。

「原因」や「結果」より、その「プロセス」を大事にしたほうが、理屈や理論や知識よりは実際の役に立つ「知恵」になりうること、そしてそうした実際場面では、オール・オア・ナッシングでない考え方が「処世術」として通用しやすい——。

そんなことをまず頭に入れて次の章に進むことにしましょう。

第2章

失敗を「足し算」で捉えると、成功への近道になる

――劣等感を逆手にとって利用するアドラーの知恵

「いい劣等感」と「悪い劣等感」

アドラーは「劣等感」を大切にしました。それは、自分を含め、劣等感で悩む人が多かったからです。

劣等感には二種類あって、一つは自分自身のつくる劣等感です。理想の自分から現実の自分を引き算して、あそこもダメだ、ここもダメだ、理想にははるかに遠いと嘆《なげ》いて自分の中に劣等感をつのらせていく場合です。

もう一つは、他人と比較した劣等感です。私はあの人に比べてなんてダメなんだろうと、人より自分が劣っていることを悩みます。

そのような劣等感をかかえた人たちが、アドラーの知恵を借りて「ちょっと考え違いをしていたのかな」というふうに少し視点を変えてみることができれば、物事の意味もまた変わってきます。

そのためには、まずは、劣等感を悪いものだと思っている人に、劣等感は悪いものではないのだということを理解してもらう必要があります。

むしろ、**劣等感は大切なもので、劣等感があるからこそ、このままではイヤだと人は頑張れる**わけです。**また、劣等感がないなどというのも、あり得ない**ともアドラーは言っています。

ただし、劣等感によって感情を強くこじらせてしまうことがあり、これを「劣等コンプレックス」と言い、劣等感とはまったく違うものなのです。

大ざっぱに「劣等感」と言っている中にも、平たく言って「いい劣等感」と「悪い劣等感」があり、「悪い劣等感」は「劣等コンプレックス」のことだと思ってください。

それでは、「劣等感」と「劣等コンプレックス」の違いはどこにあるのでしょうか。

ひと言で言えば、自分の「劣等感」を他者関係で使うのが「劣等コンプレックス」であり、アドラーは、それが神経症の始まりになるとしています。

たとえば、「私はダメなんです。本当にどうしたらいいんでしょうね」などと一生懸命に言うのは、同情されたいとか、人の気をひきたいという気持ちが背景にあります。こうした隠れた目的をもって、自分のほうへ関心を引きつけようとしているのです。

このように、相手から助けてもらうことばかりを目的としてしまっているのが「劣等コンプレックス」です。「劣等コンプレックス」があると、現にある「劣等感」に対して、取り組まなければならない問題があるはずなのに、それからは逃避してしまいます。自分に劣等性があることをごまかしたいという気持ちがあるのです。

つまり、利己《りこ》のために他者関係を操作しようとして、自分の「劣等感」をその手段として利用することを、「劣等コンプレックス」というのです。

それに対して、「ダメではあるけど、でも、今度は頑張れそう」などというのは、「ダメ」に「けれど」がついていて、「劣等感」とわかります。自分の劣っていると思うところをきちんと受け入れたうえで、それを何とかしようと前向きになっているからです。

自分の中で「劣等感」をきちんと意識して、「ああ、これを乗り越えよう」というふうに意識が向かえば、まったく問題はありません。人間というものは、そういう形で人類史をつくってきたとアドラーは言っています。

人間は不完全なものとして生まれる

人間というのは、無力な存在として生まれてきます。あらゆる動物の中でも、人間はけっして恵まれた生まれ方はしていないのです。

泳げば魚にかなわないし、飛行機がないと鳥のように空を飛ぶことはできないしと、大きなハンディキャップを背負って存在しています。

10か月もお母さんのお腹の中にいたあげく、生まれてからも、一年もの長い間自分で歩くこともできない状態なのです。

ですから、他の生き物と比較したとき、人類からは、とても生き残れるような強さは感じられません。そのままであれば、本当は自然消滅してもいいはずなのに、**人間がここまで文明を築き上げられたのは、不完全なままで生まれてきて、それに「劣等感」を感じ、それを克服しようとする気概と知恵を持ち合わせたから**です。一生懸命頑張って、みんなで力を合わせて協力すれば、成し遂げられないものなどないと考える優越（劣等の反意語）感があればこその人類の文化であり歴史なのです。

この人類史と同じことが、個人の歴史の中にもあります。生まれてきたときは未熟で、親が保護してくれなければ、二、三時間で死んでしまいます。だから保護されるのです。ところが、ずーっと保護されていると、今度は嫌がります。

それはだいたい二、三歳くらいからですが、自分はもっとできる人間だ、やれる人間だ、ということを証明したくなるのです。

ですから、この年ごろの子どもにかける言葉は、「やれたね」「できたね」「頑張ったね」というように、〝承認の欲求〟を満足させるような言葉がけが有効なのです。承認の欲求とは、自分が価値ある存在として認められたい、ほめられたいと思う本能です。

ちなみに、自分の全体を守って欲しいというのは、個人史の中でいえば〝愛情の欲求〟というものです。

二歳くらいまでの間に、「安心だよ、そんなに心配しなくてもいいよ」と言い聞かせて子どもを育てなければならないのです。それは非常に重要なことです。

そうすることで、「この世の中は危ないものではないんだ。大丈夫なんだ」というふうに、赤ちゃんは学習します。

生まれたままの赤ちゃんは、もちろん言葉がありません。ですから正確にはわかりませんが、推測すればとても強い恐怖感があるはずです。

その恐怖感を取ってあげなければいけないので、二歳くらいまでは、「大丈夫だよ」「安心していいんだよ」「お母さんが守ってるんだよ」ということを一生懸命伝えていくことです。それによって、だんだん生まれてきた恐怖感がなくなっていくのです。

また、当然ですが、赤ちゃんのうちは自分が劣っているという自覚はありません。しかし、客観的にみると、自分でご飯は食べられないし、動き回ることもできないという劣等状態にあるのです。

それが成長するにしたがって、赤ちゃんよりは劣等状態が改善されているのに、自分としての劣等性が自覚されるようになって、「劣等感」や「劣等コンプレックス」に進むのです。

目が悪い弱点を逆手にとった画家

では、「劣等コンプレックス」を持った人はどうすればいいでしょう。

まず、**「劣等コンプレックス」から「劣等感」に回復させればいいわけです。**そんなに**自分をダメな人間だと思うのではなく、「自分の中にあるプラスの面も見てみよう」と、少しでもプラス面があることに気づくこと**です。

そうすれば、人より劣っているという自覚はあっても、「俺はダメなんだ。だから助けて」という方向へは行かなくなります。ただし、人より劣っているということは、いずれにしても認めなければなりません。

アドラーで言えば、**単純に人と比べて自分は劣っているということに、冷静に素直に「気づく」ということは、「劣等コンプレックス」のレベルではなく、「劣等感」のレベルでありいいこと**なのです。

ですから、人の同情を引こうとか、何か評価を上げたいために、「私はどうしようもない人間ですね」などと言っているのは、本当に人より劣っていてダメな人間ということになります。マイナスな意味しか持っていません。

「劣等感」が「劣等コンプレックス」になるか、それとも建設的な方向へ向かうエネルギーになるかというのは、非常に重要なところです。

プラスのほうに向かえば、いわゆる「劣等性」に対して「優越性」という言葉がありますが、優越感を持つということになります。劣等感があると、人間は必ずそれを優越しようとするのです。

たとえば、ある有名な画家は、極度の近眼で、絵を描くときキャンパスにくっつくようにして描いています。

目が生命である画家という仕事に、目の悪い人が挑戦し、成功している例は少なくありません。

また有名な例ですが、古代ギリシャ最大の雄弁家と言われているデモステネス（前384〜前322）は、重度の吃音《きつおん》がありましたが、それを克服して雄弁家になったと言われています。

吃音の場合は、「器官劣等性」といって、器官そのものの具合が悪いということです。アドラーも幼少のころ、声帯の痙攣《けいれん》に苦しんでいたので、器官劣等性があったと思われます。

しかし、アドラーの患者へ語りかける声は優しく穏《おだ》やかで、歌声も美しかったと伝えられていることから、アドラーは器官劣等性を克服したと考えられます。

このことから、器官劣等性があっても、「俺はダメなんだ。吃音なんだ。言語障害があるから」などと言い訳めいたことを言うのではなく、「では、直せばいい」と考えます。

そして、たとえば一生懸命に演説の練習をして、デモステネスが素晴らしい法廷演説家になったように、それを克服しようとする方向に気持ちを切り換えればいいのです。

これを、「補償《ほしょう》」と言います。**人より劣っていると思うことを補おうとする心の働きです。これが適度に働けば、劣等感をかえって逆手にとって、自分の可能性を花開かせることもできる**のです。

劣等感を受け入れ共存する

ただ、この「補償」を求めるあまり、その心の作用が行き過ぎてしまう場合があり、「過補償」という現象が起きることがあります。

たとえば、吃音を克服してある程度しゃべれるようになって、それで満足すればいいのですが、それを通り越して世界一の雄弁家になりたいとなると、並大抵のことではありません。かえって新たな挫折に直面することにもなりかねません。

もちろん、それを克服して類《たぐい》まれな雄弁家が世に出たりすることも、たまにはあります。しかし、それは何百人に一人か、何千人に一人か、もともと本当に才能があって開花したのかもしれないのです。吃音の人がみんな一生懸命に頑張れば、みんな素晴らしい雄弁家になれるわけではありません。

できないことを無理して頑張り過ぎて、あげくに失敗するという例も世の中にはたくさんあることです。**劣等感を克服するのも、ほどほどでいいのであって、やり過ぎは新たな問題を生むことになる**でしょう。

つまり、「過補償」になりがちな人は、劣等感を克服するために努力すれば、みんな頂点を極められるという錯覚を持ちがちです。

パワーが人一倍あって克服していける人もいれば、前向きに努力もしているのにダメな人がいることもまた事実です。そして自分が、その後者であることに気づかず、頑張り過ぎてしまうのが、「過補償」です。

これでは、いつまで経っても満足できず、「ダメだ、ダメだ」で頭がいっぱい、いつまでも劣等感に打ちひしがれているだけで、劣等感をプラスに使うことができません。この苦悩から解消される方法は、適当なところで劣等感を受け入れ、折り合いをつけて共存してしまうことです。すると、心が満たされて劣等感から解放されます。

たとえば、吃音の人が、「雄弁家にはなれないけれど、少しは人の役に立てるような話し方ぐらいはできるようになりたい」と努力して、世の中の役に立つようなことをしていったとすれば、いつまでも雄弁家になれないといって劣等感に苛《さいな》まれている人よりも、ずっと人生の意味があると思います。

私が中学生のころ吃音の先生がいました。私は悪い子だったので、その先生のことを笑ったりからかったりしていました。結局、その先生の吃音はまったく治りませんでしたが、授業のときもそれにかまわず一生懸命に話していました。

いま考えれば、先生はとても辛かったと思いますが、「吃音でも教師として生徒に教えたい」という熱意を持ち、その熱意で吃音であるという現実を受け入れていたのだと思います。

ある会社の社員の上司はかなりの吃音でしたが、この上司は、「頭の回転が速すぎて、言葉が追いつかないんだよ」と、ケロリとしていたそうです。

また、最近では、障害者のお笑い芸人という人たちがいて、たとえば一人は言葉が不自由、もう一人は車椅子の二人一組の漫才で、お互いに、「なんだ、この障害者野郎！」などと言い合って、それが芸になっていると言います。

器官劣等性のように客観的に劣っている身体的機能などは、治すことが難しいですから、それを認めて、むしろ笑いのネタにまでしてしまっている点では大したものです。

いずれの例も、**なかなか克服できない劣等感を、いったん自分の中に受け入れてしまって、その上でその劣等感にしばられない**生き方を選んでいます。

こうした例から見ても、吃音など、周囲の人が治そうと働きかけすぎることが一番よくないように思われます。意識すること自体がよくないので、「ちゃんとしゃべらないといけない」と思わせると、逆に緊張して吃音になってしまうのです。

ですから、治療としては、逆に「吃《ども》ってください」とわざと吃音を受け入れる方法があります。この方法だと、いつも「吃音が出ないよう、出ないように」と緊張している本人が、いったんその束縛を忘れ、伸び伸びと吃音で話すことができます。

その緊張緩和がかえって本人にプラスに働き、吃音の度合いを下げることが期待できるのです。「逆説指示セラピー」と言い、有効な方法とされています。

夜尿症などでも、夜具や寝具を濡《ぬ》れてもいいものに換えて、「これでもう大丈夫。もし出ちゃったとしても全然かまわないから、安心してしちゃっていいよ」と親が言ったとたん、治ってしまったという例もあるくらいです。

もちろんこの例にあげた人たちは、「劣等コンプレックス」にはなりません。無理な挑戦をして、それが克服できないからと自分を貶《おと》めることもしていないからです。

欠点があってもいいという頭の切り換え

吃音の人の矯正に有効な「逆説指示セラピー」は、私もよく行なっていますが、この方法は何も吃音に限る治療ではありません。

たとえば、強迫神経症の人に使ったことがあります。

強迫神経症は、不安や不快に思うことから逃れられず、無意味な行為を繰り返してしまいます。例をあげれば、電車のつり革やお金が汚いと思うと、触ったあと、いつまでも手を洗いたくなり、さっき洗ったと自分でわかっていても、汚いと感じ、さらに洗いたくなる人です。

こんな症状を持った人に、たとえば、「はい、今から10分だけ手を洗ってください」と言います。すると、「手を洗うのをやめなければ」「手を洗ってはいけないんだ」と思い詰めていた人が、ふっと気持ちが楽になり、ある意味では堂々と許されて、存分に手を洗うことができるのです。

その緊張緩和が、逆に強迫状態をやわらげ、この症状からの回復が期待できるのです。ただ、その回復の程度は人さまざまです。

デモステネスなどは、努力もしたけれど、そういう才能がもともとあったからこそ、雄弁家になれたのであって、その才能が誰にでもあるとはかぎりません。

人間というのは、どこまで可能性があるのか、やってみなければわかりません。

ですから、いろいろな意味で挑戦するのはいいでしょうし、それでも、うまくいかなかったときは、「自分は言語障害だからやってもうまくいかないんだ」などと、「劣等コンプレックス」に陥《おちい》らないようにすることです。

たとえば、「頭を切り換えて、吃音を治す努力もしながら、吃音があってもできることをやっていこう」と、**少しだけ視点を変えることで、劣等感をプラスに考えることができるようになる**のです。

ある人は、心理学の講義を受けたとき、「**優秀な人間ほど劣等感を持つもの**」だと言われて、「劣等コンプレックス」にならずにすんだと言っていました。

優秀ではない人間は、より優れたものの価値がわからないので、それに対して自分がどれだけ劣っているかがわかりません。そのため、劣等感も持たないということなのです。

失敗は人生の中の「足し算」と考える

アドラー心理学の基本に、「自分が不完全であることを自覚することで起きる劣等感を補償しようとする力が、人間のエネルギーである」というのがあります。

つまり、**エネルギーは、「不完全さに対して完全を求める」ときに発揮されるもの**だというのです。

このような考え方をすると、**劣等感の原因となる失敗をプラス、つまり「足し算」と捉えることができます。一般的には、失敗は「してはいけないもの」「しないほうがいいもの」、つまり「引き算」と考えるものですが、アドラーはまったく逆**なのです。

人は失敗をするものですから、失敗をしたとき、「失敗よ、よく来たな」と歓迎しないまでも、恐れずに迎えることができれば、そのとき生まれる「劣等感」が「劣等コンプレックス」に変わることはありません。

仮に失敗しても、その失敗の経験から学ぶことはたくさんあります。

アドラーは、「人間が失敗をするのは、そこから学ぶことができるからだ」とさえ言っています。

たとえば、人間がライオンと闘《たたか》って、負けてしまったとします。そうすると、「ライオンに勝つためにはどうしたらいいのだろうか」と考え、解決策を考えます。ライオンに負けたという失敗から学ぶわけです。

ライオンは牙《きば》を持っています。牙に負けたんだと、失敗の原因がわかり、牙に対抗できるものが必要だと考えます。

ライオンに勝てないという経験が、新しいやり方で挑戦しようという経験に変わっていくのです。

私たちの人生の中でも、失敗をそういう目で見ることが大事なのです。「失敗したからもうダメ」となったらダメですが、失敗こそ人間を成長させる最大の力になることを忘れなければ、失敗を糧にする勇気を持つことができます。

ですから、いちばんいけないことは、「失敗するのが怖いから何もしない」「何もしなければ失敗もないだろう」と、何もしようとしないことです。失敗しないことがいいことではないのです。

むしろ、失敗するかもしれないけれど、何かに挑戦して、やはり失敗したとなったとき、そこから学んで、また挑戦していくことです。「失敗は成功の母」と言われるように、そうすれば、成功の可能性も出てくるはずです。

ということは、**失敗とは、次のための経験を増やすことであり、今までなかった経験が新しく加わっていくということ**です。**「増やす」「加える」という意味で、「プラス」「足し算」ということになる**のです。

「失敗」は「成功」への近道

たとえば、幼い子どもが、ストーブに興味を持って触りたがっているとします。お母さんは、「危ないからだめよ」「熱いから触らないの」と、何度も言います。しかし、言い聞かせているから大丈夫ということはありません。

熱いという体験をしていない子どもは、注意されても触りたがるでしょう。触ろうとして手を出し、ちょっと触れたときのその熱さで子どもは火の怖さを知るのです。

ですから、単にストーブを子どもから離し、近づくのを禁じているだけでは、子どもは火の熱さ、怖さを学習しません。知らないがゆえに、場合によっては無防備になり、かえって大やけどを負ってしまう危険もあるのです。

これはもちろん大人でも同じことで、結局は**失敗経験の豊富な人のほうが、決定的な大失敗を避けることができ、かえって成功への近道を知る**こともできます。つまり、**うまく行かなかったらどうすればいいのかという、持ち札がたくさんあったほうが成功しやすい**のです。

その**持ち札のことを「行動レパートリー」と言いますが、自分の行動を選択するための方法をたくさん持つことが大事**なのです。

しかも、それを「知識」として持っているだけではなく、経験して身につけることで現実性のある「知恵」になります。

このように、「経験を通して学ばせる」ということは、子どもに対しては親が、職場の部下に対しては上司が、失敗を「足し算」にできるような働きかけが必要です。

たとえば、部下がつくった企画書に対して上司が、失敗部分に対して「なんだ、この内容は。おまえ、ちゃんとマジメに考えたのか?」と言われたら、部下は、どうしたらいいのかわかりません。「一生懸命自分なり考えたけれど、上司は認めてくれなかった」と、マイナス経験にしてしまい、失敗を生かすことができません。

逆に、「こういうところはいいね。すごくきみのセンスが出ているよ」と、努力の成果を認めておいて、「ただ、これについては、少し検討してみる必要があるかもしれないね」と言われれば、失敗経験をプラスにすることができるでしょう。

そういう意味で、子どもの失敗は親が、部下の失敗は上司が、見守りながら成長もしていけるように、また失敗を「足し算」にしていけるように仕向けることが必要なのです。

失敗を「足し算」にするための「勇気づけ」

失敗を「足し算」と捉えるこのアドラーの考え方は、失敗からさらに広げて、一般にはマイナスと取られやすいほとんどの行動について当てはまります。

たとえば、子どもが学校へ行かない不登校などのケースもその一例です。

まえに例に上げたような、一年に一日しか登校できなかった子どもがいるとします。これは普通に考えれば明らかにマイナスの行動です。しかし、こうした子どもが学校に行くということは、普通に学校へ通っている子どもが学校に行くことと比べて、その意味は全然違うのです。

なぜならば、不登校の子どもは、学校へ行きたい、行かなければと思いながら、それができなくて悩んでいるからです。

ですから、不登校の子どもが、一日でも登校したら、それは、ゼロから一が加算されたことになります。親も教師もそれをプラスとして認めることが大事なのです。

もし、このとき、「毎日行くのが当たり前なのに、この子は、一日しか行かなかった」

と「引き算」したら、一日行ったというプラス体験がマイナス体験になってしまいます。

ですから、行こうとした姿勢も含めて、ゼロから「足し算」されて一日でも三日でも、行ったことを「ステキなことだった」と認めることです。

このように考えれば、一日も行けていない場合でも、行こうとしたことをプラス経験とすることができるでしょう。

悪いところは指摘すべきですが、指摘の仕方によっては、失敗がマイナスになったりプラスになったりします。

悪いところだけを、「ここはダメじゃないか」と言うと「引き算」になってしまいますが、「ダメなところもあるけれど、こういういいところもあるね」と言えば「足し算」になります。

また、このとき、「ここはいいけれど、これはダメだったね」と言うと、ダメと言われたことが頭に残ります。

「ものは言い様」で、言い方も大切なのです。

失敗が「足し算」のための糧になるような働きかけをすることを、アドラーは「勇気づけ」と言いました。

そして、一番の勇気づけは、「他人とともに喜んであげること」なのです。つまり、喜びを共有することです。

「ああ、すごい絵が描けたね。良かったね」とか、「このへんは見直す必要があるかもわからないけど、一生懸命やったことはわかっているよ」などと言われれば、言われたほうは、その言葉に勇気づけられ、やる気になることでしょう。

また、ここで、申し上げておきたいことは、**「一緒に喜ぶこと」と「ほめること」は違う**ということです。

一緒に喜ぶことは、こちらのうれしい気持ちを伝えることであり、それをアドラーは「アイ（I＝私）メッセージ」と言いました。

それに対して**「ほめる」ことは、上位の者が、下位のものにプラスの評価を与えるということです。これでは、共に喜んだことにはなりません。したがって、勇気づけられることもない**のです。

上司と部下の関係でも基本的には同じです。

上司に、「ご苦労さん、一生懸命頑張ってくれて嬉しいね」「一生懸命にやっている君の姿を見ていると、ぼくも、頑張っていた昔を思い出すよ」などと言われれば、部下は「よし、この次も頑張ろう」という気になるはずです。

成功談よりも失敗談に励まされる

親というものは、とかく、「転ばぬ先の杖《つえ》」ではありませんが、子どもが失敗をしないように心配りをするのが親の務めと考え勝ちです。

しかし、**人生に失敗はつきものですから、失敗をしないようにというよりは、失敗したらどうするかを考えられるような子どもにしておくことが大切**です。そうすれば、失敗を恐れず前に進んでいくことができるでしょう。

そのためには、子どもに親の失敗談を聞かせるのはとてもいいことです。「お母さんだって、小学校のときに試験があって、そのときお母さんも頑張ったんだけれども、結果は悪くて、算数のテスト70点ぐらいしかとれなかったのよね」とか、言ってあげればいいのです。

そうすると子どもは、人間というのは失敗するんだなということがわかり、失敗を恐れなくなります。

間違っても、「お母さんは小学校のときなんか、算数はいつも100点だったんだよ。それなのにおまえはなんで？」などと激励をしてしまってはダメです。

たとえば、病院で子どもを集め、集団でグループセラピーを行なうことがあります。そのときには、医者や私たちや看護師さんたちも全部入って、子ども15～16人と一緒に話をします。そのとき、ほとんどの子どもが自慢話を嫌がります。

ときどきいるのですが、お医者さんで、「俺はおまえらのころは寝ずに勉強して、難しい医学部に入ったんだぞ」などという先生がいますが、そういう人は間違いなく嫌われます。

それよりも、「俺はアメリカに行ったときに、パスポートを盗まれちゃって、領事館まで行かなければいけないんだけど、一日では行けない遠いところでさ」などという、失敗した話をすると、子どもがワーッと湧いて、興味を持って話を聞きたがります。

これは、子どもだけではなく、大人にも共通する真理だと思います。たとえば、昨年、ノーベル賞を受賞した人々の話にしても、何度も実験に失敗した体験談のほうが好感を持って迎えられました。

iPS細胞を発見した山中伸弥さん（1962～）にしても、「整形外科医を志したの

◆子どもには失敗談を話そう◆

に、手術が下手で、皆にジャマナカと呼ばれまして……」という話が大受けでした。みんな失敗しながら、頑張ってきたんだと思えば、自分も頑張る気になるというものです。

ですから、成功談を語ると、人はあまり受け入れてくれません。

よく立身出世をした人の、子ども時代にはこんなに貧しい暮らしをしていたけれど、頑張ってここまで立派な人になりました、という話があります。これは、自慢話ではなく苦労話だと思う人もいるかもしれませんが、成功談＝苦労話ということは多いものです。

苦労した挙句《あげく》、落ちぶれたというのな

らともかく、苦労話にはいつも苦労してのちの成功談がついてきます。

苦労して頑張ったこと自体は立派なことですが、聞かされた人にとってみれば、「おまえらはまだ足りないぞ。俺の子ども時代と比べたら、どれだけおまえたちは恵まれているかわかっているのか」と言外《げんがい》に言っているのと同じで、それはあまりいいことではありません。

会社でも同様です。誰も、上司の自慢話を聞いて、「よし、僕も、上司を見習って頑張るぞ」などとは思いません。それよりも、うっかり間違えて同業者の家に営業してしまったとか、会議で質問に答えられなくて冷や汗をかいたなどという話を聞くほうが、頑張る気になれるのです。

自己肯定感を高め「レジリエンス」を育む

最近、「レジリエンス」という言葉をよく耳にするようになりました。これは、もともと、物理用語でしたが、復元力という意味が、心理学や精神医学にも応用されるようになり、日本語では「逆境力」と言っています。

文字通り、逆境を跳《は》ね返す力という意味です。言い換えれば、精神的回復力とか抵抗力とか耐久力などという言葉が当てはまるのでしょうか。

ストレスに強く、何があっても平常心を保ちながら、しっかりと生きていくレジリエンスには、いろいろな捉え方がありますが、一つ言えることは、「自己肯定感」をしっかり持っていないと育たないということです。

何があっても、何とかできるという、自分に対する信頼感があって初めて回復できるのです。

この自己肯定感がないと、自分は跳ね返す力がないと思ってしまうので、レジリエンスという言葉に、マイナスの反応を示す可能性があります。

「こんなダメな私に、逆境を跳ね返す力なんかあるわけがない」と思い込み、落ち込んでしまうのです。ですから、**レジリエンスを育《はぐく》むためにも自己肯定感はできるだけ高めておかなければならない**のです。

しかし、残念ながら、今、子どもも若者も、さらに言えば、大人たちも、自分を信頼する自己肯定感を持てていないような気がしてなりません。

自己肯定感があれば、他人を信頼できるようになり、基本的な人間関係も築けるはずなのですが。

失敗にしろ、劣等感や短所・弱点にしろ、要するに普通はマイナスに思われていたもの、「引き算」でしか見られていなかったものを、もっと積極的に「足し算」してプラスとして捉える。そうすれば、劣等感も弱点を逆手にとって、マイナスをゼロどころかプラスに転換できる――。これもアドラーの重要な「知恵」なのです。

自己肯定感を育むに必要な「アイメッセージ」については、これもアドラーの大切な考え方なので、あとの章でも詳しく取り上げましょう。

第３章

ダメな自分にも、ダメでない「例外」が必ずある

――「思考」ではなく「行動」で人間を変えるのがアドラーの知恵

「劣等コンプレックス」は「行動」で変わる

アドラーから、私なりに引き出した「知恵」の一つに、**「思考」ではなく「行動」で人を変えるという考え方**があります。

その一例として、まえの章であげた「劣等コンプレックス」の一例でもありますが、具体的に最近、私が扱ったケースを挙《あ》げてみます。

不登校になった女子高校生のケースです。本人は小説家志望ということでした。「どうして学校に行かないの？」と聞くと、自分は将来小説家になりたいから、小説家になるために学校なんて行っている暇《ひま》がない、だから学校を休んでいると言います。

小説家になるために文章を書いているというのだけれど、それを見せてと言っても全然見せてくれません。もうお気づきかもしれませんが、自分が学校を休んでいる言い訳に小説家志望を使っているのです。

そこで何をやったかと言いますと、小説家になるのはいいことだと思うけど、具体的な「行動」として、まずアルバイトを一日だけやってみてはどうかと勧《すす》めてみました。彼女も一日ならアルバイトをやってみたいと言います。

アルバイトを提案したのは、閉じこもって頭だけでものを考えているよりは、「行動」によって外の世界に触れさせることが第一歩だと思ったからです。

さて、まずは、コンビニでアルバイトを始めてみることにしたのですが、彼女は一日ともちませんでした。半日くらいで帰ってきてしまったのです。

でも、「半日働いたのだから、お金をもらわなきゃ損じゃないか。店長さんに半日分のお給料をくださいと言ってきなさい」と私が言うと、やはりお金は欲しかったのでしょう。半日分だけもらいに行きました。

給料を受け取りに行かせたのは、ゼロと半日は全然違うということを強調して、半日でも働いたことをすごく評価したかったからですが、行った彼女も偉いと思いました。

やはり、お金が必要というのも行動を起こす大きなきっかけになります。特別豊かな家庭の子どもではありませんでしたから、お金は欲しかったのでしょう。

その後すぐにはアルバイトに踏み出せませんでしたが、しばらくしてから、またコンビニのアルバイトに行くことになりました。「次は一日ではなく、一週間くらい行ってみよう」と言っていたのですが、三か月ほど続きました。

やはり、**自分の働きによって自分の手で稼《かせ》ぐ、お金を得られるという経験は、人を大きく変える**ものだと思いました。

学校へ行ってもお金はもらえませんから、彼女にとって行動の源はお金だったのです。首をかしげる人もいるかと思いますが、そこから得る自信は計り知れないものがあります。彼女にとって、動き出すきっかけになったのならそれはそれでいいことだと私は思っています。

最初の半日のアルバイトのころでしたが、普通の高校へは行けなくても、定時制の高校なら行けるかもしれないと、彼女は定時制高校に通い始めていました。

そのときすでに一年半ほど中学からのブランクがありましたが、定時制高校は勉強がやさしいので、わりあい付いていくことができたようです。そのうち、クラスでトップの成績を取るようになりました。

それから、クラスで気に入った男の子ができて、その男の子と付き合い始め、夜遅く帰ってきたりして、普通の女子高生とほとんど変わらない女の子になりました。そのあたりで「この子はもう大丈夫だ」と私は思ったので、彼女の治療を終えることにしました。

人を好きになるということは、人への信頼感を持ち、安心できるようになったということと。だから、もう大丈夫だと思ったのです。

定時制高校へ通い始めてからは、彼女は小説家になるなどということはひと言も言いませんでした。それは、高校へ行かないための一種の言い訳だったからでしょう。

話を聞くと、相手の心の内にあるものが大体わかるものです。たとえば、「今一番困っていることは何？」とか、「今、きみのことで一番心配しているのは誰かな？」などと質問してみます。

そのとき、「お母さん」と言うかもしれません。それは、お母さんにもっと心配してほしいという気持ちがあるからです。

彼女の小説家になりたいという言葉を聞いたとき、私は「休んでいる間に家で何しているの？」と聞いてみました。すると、「今、一生懸命小説家になるための勉強をしていて、一日中字を書いている」と言いました。

私は、それが言い訳に過ぎないことがすぐにわかりました。しかし、そのとき、「それは言い訳だ」と言ってしまったら身もふたもなくなります。

そして、「なれるよ」と言うのも、「なれないよ」と言うのもよくありません。神様ではないのですから、そんなことわかるわけがないし、私がこの子のうえに立って「評価」を押し付けるのがもっともよくないのです。

私は彼女に、「ああ、そうか。それはすごいね。なれたらいいね」とアイメッセージで言いました。せっかく本人がなりたいと言っているのです。黙っていたら、相手は、気分を害し、私との関係は悪くなります。

ですから、「きみの夢が実現したらいいね」と、彼女の夢に共感してあげたのです。

これは、親子の場合や大人同士の関係でも同じです。

子どもがサッカー選手になりたいと言ったら、新入社員が社長になりたいと言ったら、**誰かが夢を語ったら、「なれたらいいね」と、アイメッセージを言っておくのが一番いい**のです。

まずは劣等性を認識する

前項で例にあげた、小説家志望で不登校の女の子が、そもそも学校に行けなくなった原因は、人間不信になってしまうような事件があったからです。

中学生のときに、クラスでいじめられている子が一人いて、彼女はその子を助けようとして、その子の味方になりました。

すると、今度は彼女がいじめられるようになり、とうとう彼女が助けてあげた女の子まで他の子と一緒になって自分をいじめだしたというのです。そんなことがあって人間不信が強くなり、とうとう学校に行けなくなってしまったのです。

とはいえ、じつは、もともと人に対する不信感とか、対人恐怖症のようなところが少しあって、人と目が合うのがすごく嫌だと言っていました。電車に乗っていても、人と目が合うのが嫌だから窓のほうばかり見ているので、私のところへ通うのに、「ここまで来るのにすごく緊張してくたびれた」などと言いながら来ていました。

それが理由で彼女は学校に行けなかったのですが、それを認めたくないために、「小説家になるのだから学校の勉強をやっている暇はないんだ」「今は小説家になるために一生懸命やらなきゃいけないんだ」という理由づけをして、自分をごまかしていたのです。

これが劣等コンプレックスです。

高校に行けば経験が広がるのですから、小説家になるためにも高校時代というのは意味があります。15歳の子が家にいて、自分の頭の中にあるものだけを書いても、小説家になれるわけがないのです。ですから、実際は一冊も書いていません。ただの言い訳だったのです。

不登校であるという自分を、「私は不登校ではない。なぜなら、私は小説家になるのだから。それで学校を休んでいるのだから。このようなちゃんとした理屈があるのだ」というふうに一生懸命に言うのです。

少なくとも、このような言い訳を言っているあいだは、「劣等コンプレックス」に陥っている段階です。

でも、学校へ行くことが本当の彼女の日常の仕事なのです。だけど自分流の理屈で学校には行かない。

では、どうしたら現実に近づけられるかと私は考えました。年齢からしても、現実に向き合う近道はアルバイトが一番いいと考えました。

世の中がどんなに厳しいか、彼女の言う言い訳がどれだけ聞き入れられるのか、実際に試さなければなりません。たしかに、アルバイトに行くまでは大変でした。私なんかがアルバイトに行ってもどうのこうのと、これにも言い訳にならない言い訳がいろいろ出てきました。

これは無理かなと思い始めたころ、たまたま一日だけのアルバイト募集の告知が目に入ったらしく、それに挑戦してみると言うので、「いいね、すごいね」なんて言っていたのですが、なんと半日で逃げて帰ったというのはお話ししたとおりです。

それからは、だんだんと小説を書くから学校を休んでいるという言い訳は通じなくなってきました。

定時制高校に通い始め、続けられるようになったころには、劣等感のほうを冷静に受け止めることができるようになっていたと思います。

つまり、学校に行かないのは、小説家になるためではないということが、自分でもわかってきたのです。中学生のときに辛い体験をして、人とうまくやっていけなくなったということを思い出して、もともとの性格を認めたところで、劣等コンプレックスを脱したのです。

自分を受け入れるには、２章で書いたように、これまでの体験を思い出して認めなければなりません。思い出すといっても本当に忘れていたことではなくて、本人がごまかしていたことですから、フロイトのような、深層心理をあらわにするという思い出し方ではありません。

私は不登校の彼女に言いました。

「いじめられた子を助けて、きみが逆にいじめを受けたということだけが、学校に行けなかった理由じゃないんだよね。今そう思うんだよね。そう思うことはいいことじゃなかったのかな。イヤな思いをしたり、口惜しかったり、いろいろあるんだろうけど。でも、そのことが今のきみをつくっているんじゃないのかな」

つまり、イヤな経験であったとしても、マイナスばかりではないんじゃないかという話をしたのです。

劣等性というのをちゃんと認識したうえで、でもそれはけっしてマイナス点ではないということも認識するのです。

繰り返しますが、要するに、彼女は人との関係の持ち方が下手なのです。そして、「自分はあまり人間関係がうまくいかない」というところに彼女自身、気がついているのです。それを認めたくなくてあれこれ言い訳をしていたのでしょう。

ところが、そういう彼女を好いてくれる男性が現れました。自分をちゃんと一人前の人間として受け入れてくれる人がいるのだということがわかって、ガラッと変わりました。自分が思っていたほど、人を受け入れられない、また受け入れてもらえない人間ではないのだということがわかったのです。

「こうやったらどう？」と行動を促す

「リフレーム」「リフレーミング」という、ものの見方の変換をする技法があります。**どんな人の性格でも角度を変えて見れば、長所にも短所にもなり得る**という考え方からできた技法です。

言い換えとか価値の転換とかをすることで、一見劣っているように見えるものが優れているとなることはよくあることです。

たとえば、「グズだ。遅い。のろまだ」と思っていたけれど、常に慎重に行動しようとしているのだと思えば、これはすばらしい長所だと思えるようになります。その伝で、「頑固」というのをリフレームすると、「信念が強い」ということになるでしょう。

そう言われれば悪い気はしません。思わず、お互い、笑いがこみ上げるかもしれません。しかし、笑いは、人間関係の潤滑《じゅんかつ》剤です。笑ってしまえば「勝ち」であり、たちまち、仲良くなれるのです。

また、こうした**言葉によるリフレームは大事ですが、さらに重要なことは、言葉ではな**

く「行動」です。人間を変えるのは、頭ではなく「行動」だからです。

たとえば、会社をすぐに辞めてしまう若者がいて、本人は寝られないとか、12時まで起きられないとか言っています。それをどうリフレームしてプラスの見方をしても、この事実は変わりません。

ですから、それをどうにかするために、なんらかの行動を起こすような宿題を出します。それを「行動の宿題」と言います。

不登校の女子高校生にしても、アルバイトをしてみようという「行動の宿題」をこなしていくことで、不登校という状態から脱することができました。アルバイトをしていなければ、好きになってくれる男性とも会えなかったことでしょう。

普通の心理療法とアドラーの違いはここにあります。

「こんなふうに考えたらどうでしょうか」「こういうことを考えてみてください」と言うのではなく、「こんなことをしてみたらどうですか」「こうしてみましょうよ」と、行動を促すのです。

つまり、**「こんなことを考えてはどうでしょうか」ではなくて、「こういうことをやってみては如何《いかが》でしょうか」というのがアドラー**なのです。

「頑固な人間である」と思い込まない

「言葉よりも行動を」というのは、前項で述べたように、短所と思われるものを長所としての言葉に置き換えてみても、現実は変わらないからです。頑固な人を、「信念が強い人」と言い換えても頑固に変化が起きるわけではありません。

そして、もう一つの危険性は、「信念が強い」と言い換えると、「これは長所なんだ。これでいいんだ」と思ってしまう可能性が出てくるということです。

しかし、頑固なばかりでは、やはり困ります。オール・オア・ナッシングはいけないと申し上げてきたように、頑固なことは、いい面もあるけれど、困ることもあるのだということをわかってもらう必要があります。

たとえば、上司に「融通《ゆうずう》が利《き》かないやつだ」とか、「その頑固さを何とかしろ」などと言われて悩んでいるとします。そういう人には、「頑固があなたにとってプラスになるときはどんなときですか?」とか、「頑固があなたにとってマイナスになるときはどんなときですか?」などと、「今までのあなたの人生であったいろいろな経験を教えてくださいね」などという働きかけをします。

すると、「上司に叱られたとき、謝るのが本当にイヤだった」という話が出てきます。すると、「ああ、あのときは失敗したんですね」と、何が上司を「頑固で融通が利かない人間」と思わせてしまったのかということを認識できるでしょう。

そこのところを認識できれば、次は、今度、同じような場面に遭《あ》ったら、どうすればいいのかという段階に進むことができます。

こうして、一歩後退二歩前進しながら体験談を通して「頑固さがマイナスになることもある」ということを学ぶことになるのです。

このことがわかれば、次の段階に進み、「もし同じように上司に言われたときには、今度はどんなふうにそれに立ち向かえばいいのか」を考えることができます。

これは、上司の言いなりになることではありません。上司に失礼なことを言って怒られるのを避けて、こちらの言い分を通し、上司の言い分も通しと、いい関係をつくることになるはずです。

要するに、**必要に応じて頑固になれればいいのであって、頑固であることを、悪いとかいいとかを考えるのではなく、その場その場に応じて、頑固になったりならなかったり、**

◆必要に応じて頑固になる◆

ほんの少し柔軟になることが大事なのです。

つまり、必要に応じて頑固になるべきときに頑固になればいいということになります。

そのために大事なことは、「自分は頑固な人間である」と思い込まないことです。「頑固なときもある」「大体頑固だが、そうでないときもある」という程度に、自分の頑固さを認めることです。

「自分は臆病だ」と思っている人は、リフレームすれば「慎重な人間で、何事も良く考えて判断する人間だ」と言い換えることができます。

しかし、このままでは頑固のところでご説明したように「それでいいのだ」ということになってしまいます。

やはり、同じように、「慎重でよかったこと」「慎重すぎて失敗したこと」を思い出すことが大事です。そして、次に同じような慎重すぎたためのミスをしたら、どうしたらいいのかという行動パターンを考えていくのです。

つまり、頑固にしても臆病にしても、どちらかと言えば、否定語として使われることが多いので、それをリフレームしてプラスに捉えるのです。

それから、頑固なら頑固であるために困った体験を思い出し、次の方策を考えます。

それがうまくいったとき、「自分は頑固だと思っていたけれど、そうでもないところもある」と、自分に対して新しい発見をすることができます。

そのとき、「自分は頑固だ」は「頑固ではないこともある」と思い、頑固ではいられなくなるのです。

とはいえじつは、いつも頑固、いつも臆病ということはあり得ません。自分をそう思い込んでいる人は、極端なオール・オア・ナッシングで捉えるので、二者択一の考え方をしてしまうのです。

「例外の発見」によって見方を変える

この「いつも頑固」と「頑固でないこともある」の違いは、言い換えれば「例外を見つける」ということでもあります。

１章でお話ししたように、過去のトラウマ（心的外傷）など、自分の劣等感の原因を突き止めることに熱心な精神医学や心理学に対して、アドラーは、原因とか結果を追究するのではなく、具体的な対策を考えましたが、その一つがこの「例外の発見」です。

ある人が、もし、親から虐待されたことが原因で、「悲惨《ひさん》な子ども時代」だったと思っているとします。そのとき、ちょっと見方を変えて、「本当に何も楽しいことはなかったのか」と、虐待ばかりではなかったこと、つまり「例外」を発見するのです。

「いつも」出て行きなさいと言ったり、蹴飛《けと》ばしたりしたお母さん。でも、美味しい卵焼きを作ってくれたこともあった、トランプで遊んでくれたこともあった――。

つまり「いつも」と言いながら、よく思い返してみると、「いつも」ではなく、いくつもの「例外」があったことを思い出します。

その発見によって、「悲惨な子ども時代」は、少しだけ「そうでもなかったかな」という方向に舵《かじ》を切ることができます。

つまり、相談された側は、否定的に見ていた自分の成育歴やこれまでの人生を、いくらかでも肯定的に見られるように対応するわけです。この方法は、「物語療法（ナラティブセラピー）」とも言われています。

要するに、ちょっと見方を変えることで、自分の人生の意味を変えてしまいましょうということなのです。

言ってみれば、**自分で真理と思っていることは、じつは頭の中でつくりあげているにすぎないという認識を、すべての前提にする**ということでしょう。

今の例で言えば、例外を見つけることで、絶対的に悪いか、絶対的にそうではない、といったオール・オア・ナッシングの考え方はしなくなります。

「ダメな自分」と思っていても、必ずどこかに「ダメでない自分」という例外があるものなのです。自分がダメと思い込んでいただけで、実際は意外にそうでもない、例外がいっぱいある、ということに気づくことができるということです。

もちろん、**劣等感を取り除くためにも、「例外の発見」は有効**です。

たとえば、「自分は内向的で、人前で話すことができない」と、社交的な人に劣等感を持っていたとします。

そういうときには、「話すことができた」ときや場所を思い出し、内向的ではなかった「例外」に気づくことが大切です。

私は、こういう相談を受けたときには、「今、この場所でもそうですか」と聞くことにしています。すると、「いやあ、先生のところへ来るとそうでもないですね」という答えが多いのです。

そこで、「ああ、たまにはそういうこともあるんですね」と言ってあげると、相手は、「人前で話せる場合もあるんだ」と自分で自分を見直すことができるでしょう。

そこでやってはいけないのは、「なぜ、ここではしゃべれるのかな?」などと、その理由を聞きただすことです。

それよりも、さらなる例外を発見するほうが大事だからです。

「それじゃあ、お父さんやお母さんのときはどうですか?」などと聞いていくと、「けっこう話せているかな」とか、「お父さんの前は緊張してダメだけど、お母さんはそうでもないかな。弟だったら威張っていられる」などと、いろいろと出てきます。

この「そうでもないな」という**「例外の発見」が、劣等感から抜け出すための第一歩になるのです。**

気分屋の上司に悩まされたときには

社会人になると、職場での上司は選ぶことができません。これが、もしかしたら、サラリーマンにとっては最大のストレスなのかもしれません。学生時代であれば、気の合わない先輩ならば避ける道があったからです。

気分屋で、自分のストレスを部下にぶつけるような上司は最悪と思ってしまうこともあるでしょう。しかし、ただ気分屋で困るとグチを言ってみても、うまい対応の仕方は見えてきません。

いっそのこと辞めてしまいたいと思うこともあるでしょうが、そのまえに、上司をよく眺めてみることが大事です。気分屋で怒ってばかりに見える上司でも、細かく観察すると、状況次第で機嫌《きげん》がいいときもあるはずです。

たとえば、書類を持って行ったとき、「おはようございます」の一言があるかどうか、いきなり「書類できました」と言ったらどうだったのかなどで、上司の態度が違っていたとします。

それがわかれば、「あ、そうか。一声かけてからやったほうが機嫌がいいようだ」とかと、こちらのやりようが決まってきます。

「ご機嫌取りをするようで嫌だ」と思うこともあるでしょう。しかし、上司とは仕事を離れてまで付き合うわけではないのです。

仕事がスムースに進むことが第一の目的であるならば、それがうまく進むような気遣いをしたほうがいいでしょう。

こんなときにも「例外の発見」が有効です。カリカリと怒っている上司の「いつも」の中に、その例外を見つけるのです。

どんなときも100パーセント怒っていて、怒っていないときはゼロということはありえず、必ず例外はあるのです。

前項でお話しした物語療法（ナラティブセラピー）は、たとえばこうして怒ってばかりの上司にノイローゼになりそうな相談者に対して、自由に記憶を蘇《よみがえ》らせることで、「例外」を見つけさせ、意識を改善させていきます。

「行動」が「感情」を作り出す

たとえば、私たちは、空腹を覚えたとき、腹を満たそうとして行動を起こします。レストランへ行ったり、台所へ立って行って冷蔵庫を開けて、料理を作ったりします。

捕虜として収容所に入れられた人は、美味しいものを想像して空腹を満たそうとしたという話を聞いたことがありますが、残念ながら、欠乏を満足させることはできません。

空腹だけではなく、**心に欠乏感が生まれたときも、それを満たす方法は、行動することだけ**でしょう。

たとえば、可愛がっていた猫が死んでしまって、とても悲しい思いをしているとします。そうすると、その当座は、悲しみに沈んで何もできない状態が続きますが、やがて、お墓を作ってあげようかなと考え、ペットを弔ってくれる寺へ出かけたり、我が家のお墓に納めたりします。

そうした行動により、悲しみを少しでも癒そうとするのです。もう少し時間がたてば、新しい猫を飼うという「行動」ができるようになるかもしれません。

◆「行動」が「感情」を作り出す◆

　また、上司に怒られたときでも、反省や謝罪の言葉を言っていても、心の中は煮えくり返る思いをしていることがあります。「どう仕返しをしてやろうか」と一人で計画を練《ね》ることもあるでしょう。

　しかし、ここで少しだけ気を取り直し、部長との関係をどうしたらうまくできるようになるだろうかと考え、具体的に「行動」すれば、怒られたショックは解決します。つまり、**「行動」することでしか、口惜しさも悩みも解決することはできない**のです。

　そういう意味で、**「行動」は人間を変えるもの**です。「感情」があって「行動」があると言う人もいますが、それはまったく逆なのです。たとえば、悲しくなくても、鏡を見て悲しい顔をすれば悲しくなります。

つまり、悲しい顔をするという「行動」が悲しいという「感情」を作り出しているということです。「人間は悲しいから泣くのではなく、泣くから悲しくなる」というのは本当の話なのです。

アドラーが、悩んでいる人に「今日一日、楽しかったような顔をして行動してくださ い」という宿題を出すのも同じ意味です。

私も、これをやることがありますが、ほとんどの人が「なんだか、少し元気が出てきたような気がします」と言います。

これはアメリカの心理学者が実験をして証明したことですから、間違いのない事実なのです。

人は、行動を起こした瞬間に変わるのです。

まえにお話しした、「逆説指示セラピー」も、相手に行動を促すものの例です。たとえば、手を洗わずにはいられない手洗い強迫神経症の治療の場合、「意識的に手を洗ってください」と指示して、コントロールできるようにします。この行動が治療になり、強迫神経症は治っていくのです。

行動を「決断」することに意味がある

行動から、相手の心をキャッチすることは、目に見える行動を基準にしています。しかし、まえにも述べたように、行動特徴をいくつか挙げてパターン化してしまうので、集中できないとかだらしがないとかという行動パターンから、発達障害などという判断を下します。

ギャンブル依存症にしても、夢中になってやっているというだけで、ギャンブル依存症という「病名」をつけてしまうのです。私など、「パソコン依存症」と言われるかもしれません。しかし、それで生活そのものを破壊しているわけではないので、依存症とはいえないと思うのですが。

これは、行動を重視したアドラーに似ているようですが、じつは大きな違いがあります。アドラーが言う「行動主義」や「行動療法」は、このように、行動そのものを重視しません。行動を決断することに意味があるとしました。

つまり、行動を決断して、その方向性を行動のほうに向けるということそのものに意味があるとしています。サルトル流に言えば、「自己投企《とうき》」ということでしょうか。**「自己投企」とは、現在の自分を否定して、未来に自己を投げ入れていかなければならないという意味**です。

これをアドラーで言えば、現状を打破するために、行動を選択しなければならないということであり、選択に重きを置いているのです。**つまり、決心する、決断する、責任を引き受けるということ**なのです。

たとえば愛人と妻との間で悩んでいる男性にしても、どちらも愛している、どちらも失いたくない、と思っているだけでは解決できませんでした。やはり、どちらかに決めるという「行動」を起こすことで悩みは消えるのです。

つまり、「奥さんと愛人を両天秤《りょうてんびん》にかけて、両方欲しいというのはダメですよ、決断しなさい」と迫るのがアドラーなのです。

そこで、「じゃあ、わかった。奥さんとはこれからも続ける。愛人とは手を切る」というふうに決断して、行動に移るのです。

別れるために、どう行動するかというよりは、愛人と別れるという決心、決断が治療のテーマになるのです。

「人格否定」を「行動否定」に変える

子どもの世界だけではなく、大人社会でもいじめは大きな問題になっています。大人の場合、いじめというよりは嫌がらせという意味のほうが強いようですが、いずれにしても、相手が死ぬほどの苦しみを味わっていることが多いのです。

しかし、いじめとか嫌がらせの定義は難しく、何をもってそう呼ぶのかは、いろいろ意見がわかれるところです。しかし、私たちが考えるいじめや嫌がらせは、相手の人格を否定したときです。

たとえば、「おまえは死ね」とか、「おまえはゴミだ」とか「おまえは役立たずだ」などというのは、相手の人格を否定していることになります。地位や立場に違いはあっても、人格は万人同じですから、これは、重大な過《あやま》ちと言えるでしょう。

人格を否定されたときがいじめや嫌がらせになるとすれば、ときには、いじめでも嫌がらせでもない場合があります。それは、人格を否定されたのではなく、行動を否定されたたときです。

たとえば、「君のそういうやり方が気に入らないんだよ」などと、相手の行動を否定した場合です。

いじめや嫌がらせを訴える人の中には、このあたりのことを混同している人もいますから、その言い分を鵜呑《うの》みにしないほうがいいと思います。

そういうときには、人格を否定されたのか言動を否定されたのかをよく考えて、もし相談を受けたら、「人格を否定されたのではなくて、したことを否定されたのかもしれないね」と、「人格否定」を「行動否定」に訂正することが必要です。

そこで、「行動を否定されただけなんだ」ということに気づけば、次からは、違うやり方をすればいいんだなと納得して直していけます。行動批判はお互い様という側面もあります。

要するに、「ここが嫌い」「あそこがイヤ」という具体的な「イヤ」があるとき、その行動を「イヤだ」と思うこと自体は自由だということです。

また、逆に、いじめたり、嫌がらせをしたりする側の言い分を聞く場合もあると思います。そういうときに、**もし「人格否定」をしているようだったら、それを「行動否定」に**

変えていくことです。

もし、「あいつキモいから遊びたくないんだよ」と人格否定的なことを言う子どもがいたら、「どこがキモいのかな」という具合です。そうすれば、「みんなで給食を食べているときに、いつも鼻をかむんだ」など、行動否定の言葉がでてきます。

キモいと考えるのはなぜなのかがわかれば、「鼻をかむときは、ちょっと席を離れてやってくれないかな」と、相手に行動を変えてもらうことができるでしょう。

「今度の仕事、あの人と組ませないでください。僕、あの人嫌いなんです」と部下が言ってきたときも、どこが嫌いなのかを聞けばいいのです。

「だって、会議のとき、二人で決めたことなのに、自分だけで決めたようなことを言うんです」という返事が返ってくれば、解決方法が出てくるでしょう。

彼らがイヤだと思っている行動レベルの原因が出てきたら、そこで、「じゃあ、どうしたらいいのかな」ということを考えればいいのです。

人格否定と行動否定の違いについて話してきましたが、この原則は、じつは、相手を肯定する場合にも当てはまります。同じ言い方をすれば、**「人格肯定」と「行動肯定」とは違う**ということです。

たとえば、「君はいい子だね」とか、「あなたは明るい人だね」とか、「しっかりしているね」などと言うのは、相手の人格に対してあれこれ言っているのですから、しないほうがいいということになります。これは、相手の人格を評価していることであり、それが肯定の言葉であっても危険な表現なのです。

それに対して、行動を肯定するとは、相手のしたことを肯定することです。

「欠席したお友だちに宿題を教えてあげたんだって？　いいことをしたね」とか、「この間の打ち合わせのとき、がんばりましょうって言ってくれたよね。あの明るい口調に、みんな元気が出たよ」「いつもにこにこしているね」「あのとき笑わせてくれたから、緊張していた雰囲気が一気になごんだよ」

などと、**行動を取り上げて肯定することが大事**なのです。

良い関係は行動によって築かれる

たとえば思いを寄せる異性との交際が進み、相手へのアプローチがうまく行って、相手もこちらの思うような方向に変わってくれたとします。そうなると、次に出てくるのは、そうしてできあがったいい関係を長続きさせたいという思いです。

私は、こういう相談を受けたとき、「デートをしたあとで、良かったことを三つ挙げてみてください」と言います。

約束どおりの時間に来てくれたとか、レストランにはいったら、ちゃんと椅子を引いてくれたとか、こちらの好みを聞いてくれたとかなど、些細《ささい》なことで構いません。こうした具体的な「行動」を継続することが、長続きの元になるのです。

ですから、「優しくしてくれた」などという抽象的な「良かったこと」をいくら挙げてみても意味がありません。

自分たちがどういう具体的な形で、お互いの存在を嬉しく思っているのかを確認する必要があります。何が優しかったのか、何のとき楽しそうにしていたのか、と具体的に挙げることで、自分の中で具体的な場面を定着させ、いい思い出になっていくのです。

このように、**できるだけ具体的なレベルで考えるということは、言い換えれば、行動レベルで考えるということ**です。

人は、頭の中で「優しくしよう」と、思ってもいないことを考えて自分に嘘をつくことはできますが、行動で嘘をつくことはできません。最初はうまく行っても、付け焼刃だったらすぐにばれます。**行動こそが、相手の真実をわからせてくれる**のです。

しかも、こうして、相手の良いところを見つけようとすることは、お互いの関係をさらに良くしてくれるはずです。長く付き合っているうちに出てこなくなっても、その努力があれば、結果としていい関係になるのです。

このことは、逆に「良くなかったこと」を三つ、それも具体的に挙げてみる」と、よくわかります。具体的に書き出してみると、相手へのイメージは、「優しくない」というよりずっと悪くなってしまうでしょう。

つまり、長続きさせたいときも、おしまいにしたいと思うときも、抽象的ではなく、具体的に「どこが良かった」「どこが嫌だった」と、行動レベルで見つけることで、その希望をかなえることができるのです。

ものの見方を変える「リフレーミング」はたしかに大事ですが、それだけでなく「どう考えるか」から「どうするか」という行動に移すこと、そしてその行動の中で、今までの自分はこうだと決めつけていた中での「例外」を探してみる、それが自分を変える大きなきっかけになるはずなのです。

第4章

自分だけの幸せでは、自分も幸せになれない

──「共同体感覚」を持てばほとんどの悩みが解決するアドラーの知恵

子育てには愛だけでなく技術が必要

たとえば、子どもが道で転んだとします。

あるお母さんは、すぐに駆け寄って抱き起こし、「よしよし」と泣いている子どもをなだめました。

またあるお母さんは、そばにじっと立って、子どもが自分で起き上がるのを待っていました。そしてまた、あるお母さんは「だから気をつけなさいと言ったでしょ。まったくグズなんだから」と子どもを叱りつけました。

さて、このお母さんたちのうち、一番愛があるのは誰でしょう。

そう聞かれても、答えることはできません。行動が違うだけで、愛情の深さに変わりはないからです。

これは大人同士の関係でも同じことが言えます。部下が失敗したとき、その間違いを指摘して直ぐに直してあげる上司。指摘はしても、手を出さずに何度もやり直しを命じる上司。「ダメだなお前は」と怒鳴りつける上司……。

どの上司も、部下が一人前のビジネスマンに育つことを願う気持ちに変わりはないはずです。部下を思う気持ちは皆同じなのです。違うのは、その方法というか技術です。

私はまえから、「**子育ては愛だけではできない。技術が必要**です」と言ってきました。部下育ても同じです。

ですから、**愛さえあればすべてが解決するというのは間違い**なのです。愛が、愛がと、お題目のように言っていても意味はありません。

つまり、**自分では愛しているつもりでも、愛される側にそれが伝わっていなければ、何もならない**のです。

遺伝子学者の村上和雄さんは、著書の中で、福知山線の事故で植物人間になってしまった家族を、本当に愛を注いで復活させたという例をあげられ、愛が奇跡を起こすことがあるとおっしゃっています。

しかし、このケースでも、体をさすったり言葉をかけたりと、愛を行動に表した点が重要だと私は考えます。単に愛があったから解決したということではないでしょう。

人間ならば、誰でも人を愛する気持ちを持っています。

問題は、愛する気持ちを人に伝える「技術」を持っていて、それを「行動」で表現しているかどうかです。

つまり、「愛とは……」などと、抽象的な定義をするのではなく、**具体的な行動によって相手にどう関わるかで、すべて決まっていくとアドラーは考える**のです。

「共同体感覚」が欠けている社会

「愛さえあれば」でなく、愛にも具体的な行動や技術が必要であると言いました。**アドラーは、このように人との関わりを積極的に求める気持ち、人とともにあることを大切にする感覚を「共同体感覚」と言って、とくに重要視しました。**

この共同体感覚は、人間が生まれてからさまざまな具体的な人との関わりを持つ中で、そして人と関わる行動や技術の中でできあがっていくものです。

たとえば、２歳くらいまでの赤ちゃんの場合、「愛している」と１００万回唱えても、愛を伝えることはできません。

やはり、具体的な行動、頬にキスをしてあげるとか、抱っこしてあやすとか、お乳を飲ませるときにはきちんと赤ちゃんの目を見て言葉がけをするなどのことをしなければ、赤

◆人は助け合って生きていく◆

ちゃんは、人との関わりで自分が生かされていることを知ることはできないのです。

最近、大人も子どもも、この、人間が本来持っているはずの共同体感覚に異変が生じているような気がしているのは、私だけではないと思います。

今の子どもを見ていると、彼らにとっての他人は、共同体の仲間として生きているものではなくなっているのです。

彼らが他人に対して持っている感覚は、ライバル的存在か、自分が得になる存在か、関係ない存在か、この三つくらいしかないようです。

ライバル意識は、仲間がいい意味での競争相手になりえず、お互いに向上していくよりも、相手が落ちていくことを望む方向へ行くでしょう。これでは、親友もできませんし、共同で何かをするということもなくなります。

損得で付き合う相手を決めるようであれば、得にならないと見極めたとたん、付き合いをやめてしまうことになるでしょう。

そして、関係ない存在としか他人を見ないために、人々は人の目を意識しなくなりました。

電車の中で食事をしたり化粧をしたり、さらには着替えまでするというのを見たり話に聞いたりすると、彼らにとって、他の乗客は人ではなく壁のようなものになっているようです。

つまり、**今、一番欠けているのが、「他者への共感」「人と一緒に生きている感覚」**です。基本的に、**人は人と助け合わなければ生きてはいけない存在だという事実は、数学の公理のようなもので、理屈抜きで大切なこと**なのです。

「自分だけが幸せになればいい」と考えていると、じつはその「自分だけの幸せ」さえも得られないということになってしまいます。

まえにも言いましたが、アドラー的に言えば、人間が文化を発達させたのは、お互いが協力して力を合わせたからなのです。そういう意味で、共同体感覚を失いつつある現代人の生活を見ると、私はとても心配になるのです。

共同体感覚などと難しげな言葉で言っていますが、要は、「人はひとりでは生きていられないから、みんなで生きていく」ということなのですが、この簡単なことがなかなかできないのが難しいところです。

「他者がいてこそ自分がある」

前項でお話しした**共同体感覚は、繰り返せば、「他人と共に生きている」「他者がいてこそ自分がある」という感覚**です。**これは、個人主義と逆のことではなく、個人主義では自分を大事にするのと同時に他人を大事にするという意味**でしょう。**さらに言えば、自分を大事にしてこそ他人を大事にできるということ**です。

なぜならば、個人というのは、他人があって初めて個人といえるからです。何もないところにたった一人でいても、それは個人ではありません。

ところが、最近、この個人主義が行き過ぎて、というか、お互いに関わらないことが個人主義だという勘違いが生じているようです。その極みにあるのが「個人情報保護条例」です。

この条例を極端に適用したために、クラス会名簿、町内の連絡名簿などなどを作ることができなくなりました。作るには、一人ひとり、載せてもいいかどうかを聞かなければなりませんし、使い方に気をつけるようにというメモがついています。

しかし、繰り返すようですが、自分というのは、みんなの中での自分です。他者がいてこそ初めて自分があって、個人というものがあるのです。

ですから、共同体感覚と並列できる個人主義は、自分一人でいいという利己主義ではありません。

利己主義とは、たとえば自己実現のみを目的とする考え方、他の人はどうでもよくて、自分だけが達成できればいいという考え方のことです。

人と人とのつながりは、人間が好むと好まざるとにかかわらず存在するものです。これは、世の中があって生まれてくるのであって、自分が生まれてきて世の中を作ったわけではないのです。

生まれたときから、自分はすでに、他人の中に参加しているのです。つまり、いやおうなく、人間はそういうふうにできているのです。

要するに、個人個人と言っていますが、それは全体の関係の中での一部という意味での個人であって、そういう全体を切り離した中の単独の個人はありません。それこそ神代の昔から現代にいたるまで、人間と人間との関係性に変化はないのです。

たとえば、かつて、マルティン・ブーバー（1878〜1965）というオーストリア出身のユダヤ系宗教哲学者が、『我と汝《なんじ》・対話』（岩波新書）という本の中で、「人が世界と関係する仕方が二通りある」と言いました。

一つは、「我—汝」の関係、もう一つは「我—それ（it）」という関係です。一つ目の「我—汝」という関係は、「私とあなた」という関係、つまり人間関係です。この場合、「他のものと関係している我」と、「他のものと関係している汝」との関係も含まれています。一方「我—それ」と言う関係には、あなたはいません。

マルティン・ブーバーは、前者の「我—汝」の関係こそ人間関係であると言っています。そして、油断をしていると、「我—それ」の関係に陥って、相手を物として見るようになり、汝として見なくなってしまいますよと、警報を発しているのです。

個人主義と利己主義の違いもこの伝で説明できると思います。個人主義とは、「我—汝」の関係をいうのであって、我も個人、汝も個人、個人と個人が関係を持つという意味なのです。

つまり、**自己は他者との関わりにおいてのみ認識できる存在**であるということです。**アドラーの心理学には、この考え方が基本にあります。**

我も個人、あなたも個人という考え方は、あらゆる人間関係に適用されました。たとえば、アドラーはある大会で、この100年の間に「女性の権利向上に貢献した人」として、世界的なフェミニスト（女性解放論者）7人の1人に選ばれたことがあります。男性ではたった1人しか選ばれていません。

19世紀の終わりから20世紀の初めにかけて、一番早く女性を対等なパートナーとして認めたのは他者を自分と同じように見ることのできるアドラーだったのです。

権力欲を制御するための「共同体感覚」

人は善なのか悪なのか。この命題は人間にとって永遠のもので、性善説とか性悪説とか呼ばれ、昔からつねに議論の対象になってきました。

性善説を取る人は、極悪人とされている人でも、子どもが井戸に落ちそうになれば思わず手を差し出すだろうと言います。性悪説を取る人は、人間が、さまざまな法律で行動を規制しようとするのは、放っておけば悪事を働くからだと言います。

アドラーは、どちらかというと、性悪説に傾《かたむ》いていたのかもしれません。アドラーが「共同体感覚」の必要性を説いたのは、生来、共同体感覚を持っていながらも、人間には強い支配欲があることを知っていたからです。

その支配欲にどこかでブレーキをかけなければ抑えることができないと考えて、「共同体感覚」という概念を意識化させ明らかにしたとも言えます。

世の中にひとりで生きていられるのであれば、自由に、自分のなりたいようになればいいのですが、まえにも言ったように、人は一人では生きていけません。ですから、自分の自由は他者の自由でもあると認識しておく必要があります。「共同体感覚」を生み出した根拠はそこにあります。

人間の持つ支配欲についての主張があったために、アドラー心理学は、かつて、「権力の心理学」と言われたことがあります。

しかし、それはまったくの誤解であり、アドラーの言わんとするところは、**人間は権力に対する強い指向性があるので、それをブロックしなければいけない**ということだったのです。

さらに言えば、「共同体感覚」というのは、今の世の中に責任を持つと同時に、過去の世の中にも責任を持ち、未来の人間にも責任を持たなければならないという主張も含んでいます。

いささか難しいところですが、簡単に言えば、今の自分は過去から来ています。したがって、「過去はない」と言うことはできません。ですから、もはや取り返すことができない過去に責任を感じたら、未来でその責任を取る必要があります。過去にも未来にも責任があるというのはそういう意味です。

逆の言い方をするなら、過去がわからなければ、未来もわからないということです。責任の取りようがないということになります。**アドラー的に言えば、過去というのは今の自分が作り上げたもの**です。

自分の人生を今の自分が解釈しているにほかならないのであり、主観的なものです。**つまり、過去といっても、厳然たる唯一無二の事実というのはない**ということです。

戦争体験にしても、とんでもない間違いだったと言う人もいれば、お国のためだと言う人もいます。これは、どれが正しいか、正しくないかではなく、その人の考えている過去なのです。

つまり、自分が考えている過去から未来への責任の取り方を考えるのですから、自分の未来は、すべての人の未来にはなりません。

ただし、その責任の取り方が、他の人のものと整合性があるかどうかということは考えてみるべきでしょう。

他者への関心が共同体感覚を育てる

今の若い人たちに共同体感覚がなくなりつつあるのは、赤ちゃんのとき、親から具体的な愛情を注いでもらわなかったからだと言いました。

しかし、それとは逆に、面倒を見すぎてしまったからだという場合もあります。親が先回りをして何でもやってしまったというのも理由の一つになっているのです。

親が先回りをしてやってくれるということは、子どもの欲求をすべて満たしてくれるということです。ですから、子どもは、自分の個人的な欲求にブレーキをかける必要がなくなります。

共同体感覚というのは、基本的には他者への関心であり、他者と共に生きているという感覚です。

ですから、欲求にブレーキをかける必要がなければ、他者の存在に意識を傾けることもなく、共同体感覚は育ちません。

たとえば、私たちの世代が、かつて、正しかったかどうかは別にして、デモなどの学生運動をしたのは、この世から貧しい人や不幸な人をなくしたいという他者への関心が強かったからでしょう。つまり、共同体感覚を持っていたということです。

ところが、今の子どもたちは、大学生も含めて他者への関心がありません。自分が良ければそれでいい。他人のことに首を突っ込むのはあまりいいことではないという考え方になっているようです。

先だっても、大学の学生食堂に、衝立《ついたて》を作って一人での食事ができるというコーナーができたという話がニュースになりました。そこから席が埋まっていくというので、びっくりしましたが、他とのかかわりを避ける人がそれだけ増えているということでしょう。

しかし、私は、つながりが欲しくないと思っている人ばかりとは思えないのです。人との距離感が上手に取れず、つながり方がわからなくて、人間関係を組み立てることができない人も多いのではないでしょうか。

たとえば、平成26（2014）年11月22日、長野市で震度6弱を観測した長野県神城《かみしろ》断層地震という大きな地震がありました。全壊家屋は50軒に及び、半壊・一部損壊は150軒以上になりました。

負傷者も重軽傷者あわせて50人近くいましたが、死んだ人は一人も出ず、それは奇跡と言われました。

なぜ死人が出なかったのか——。それは、地域のネットワークが非常に強かったからです。どこに誰々のおばあちゃんが一人で住んでいるとか、日ごろから何かあったときには、ここのおばあちゃんを助けようというシステムができていたのです。これは、いわゆる共同体ができていたということです。

共同体ができていたからあのような大惨事が起きても死者は出ずにみな助かった。それはいつも他者——老人とか、一人暮らしの人、女性だけの家庭——に、地域の人が関心を向けていたからだと思います。

もし、東京であのような大惨事が起こったとき、隣人の顔さえ知らない関係で生活しているのですから、長野県神城断層地震のときのような連携プレーは無理でしょう。しかし、あれを見て、羨《うらや》ましく思った人は多いはずです。

共同体は、そう簡単に消滅するものではないと、私は思いたいのです。だからこそ、「こころの東京革命」*の主旨に共鳴して、その運動を続けているのです。なかなか成果は上がらないのですが。

人間にとって、本来、共同体は必要不可欠なものです。現に、一人飯《ひとりめし》というのが流行っているという一方で、他人を意識するあまり、一人でいるとネクラだと思われるのではないかと思ってしまう人も多いのです。

こうした思いに悩むのは、共同体を必要としながら、歪《ゆが》んだ形で捉えているからでしょう。彼らは、「他人が自分をどう思うか」というところに意識のポイントがいってしまっています。

そのために、自分が他人をどう思うかというところまで行くことができないのです。これは、アドラー心理学で言えば、まったく逆なのです。**自分が他人からどう思われるかではなく、自分は他人をどう思っているんだろうという、他人への関心を持つことからスタ**

ートするのです。

マザー・テレサも、「愛の反対は憎しみではなく無関心です」と言いました。まさにそのとおりだと思います。

先述したように、親友を持たない人が増えています。それも、他への関心が薄れているからでしょう。１００人のメル友はいても、たった一人の親友がいないという、悲しい現実が広がっているのです。

＊東京都が実施している、親と大人が責任を持ち、次代を担う子供の正義感や倫理観、思いやりの心を育み、自らが手本となりながら、人が生きていくうえで当然の心得を伝えていくことを目的とした取組みのこと。

「他者への貢献」も仲間経験が不可欠

「自分には生きている価値がないと思い込み、うつ状態になってしまった人が、病気で倒れた祖母の看護をしているうちに元気になった」

こういう例は、たくさんあります。自分も誰かの役に立っていると思うことで、自分が生きていることに価値を見出すことができるのです。

アドラーは、共同体感覚の要素として、前に述べた「他者への関心」以外に「貢献意識」を挙げました。

ただ、**貢献意識を持つためには、まず自分が共同体の中に匿《かくま》われている、共同体の中の人間だという実感が必要**です。そうでないと、役立っているという実感が持てず、ムリにやらされているという強制労働のような感覚しか持てないのです。

ですから、もし自分が東京都民だったら、東京都民としての喜びや辛さを共有しているという事実を受け止めることです。

「この東京を、今度のオリンピックまでにもっとよくしたい。そのために自分に何ができるだろうか。英語を覚えて、外国から来た人のために通訳をしてみようか。これも、あの〝お・も・て・な・し〟のうちになるんじゃないかな」

などと考えることが「貢献意識」なのです。

たとえば、横綱白鵬《はくほう》(第69代横綱)は、審判を批判して非難はされましたが、優勝したときのインタビューを聞くと、日本に対する共同体意識を持っていると思われます。白鵬

は、

「この国の魂と相撲の神様が認めてくれた」「明治時代の初期、大久保利通という武士と明治天皇が、相撲という長く続いた伝統文化を守ってくれたそうです。天皇陛下に感謝したいと思います」

と言って、感謝の言葉を述べました。白鵬だけではなく、日本で暮らす外国人には共同体感覚を持っている人が多いようです。

まえに触れた「こころの東京革命」にしても、当時の知事・石原慎太郎さんが言い出したことですが、私は、石原さんが正しいと思うからやっているのではありません。まして、東京都がやっていることに協力しているという気持ちもありません。

ただ、都民が一緒になって、お互い助け合い、共同体感覚を呼び覚ましてほしいと思っているだけです。

その一環が「挨拶運動」です。お互いに子育てを支援しあっているという感覚を持ってほしいのです。

というのも、自分の行為を「強制労働」と捉えず、「貢献」と捉え、共同体感覚を養うためには、まず、共同体の中に受け入れられているという経験が必要だからです。今不足しがちな「あなたも仲間ですよ」という仲間経験が大事なのです。

たとえば、隣の人は何をしているのか、どんな人が住んでいるのか、これすらわかっていないと仲間経験をすることは難しいでしょう。

その典型的な例をある学校の校長から聞いたことがあります。PTAの会合があって、自己紹介をしたのですが、そのとき、「〇〇団地内のお隣さんですか」という言葉が飛び交ったと言います。そこで初めてお隣同士ということを認識し合ったわけで、校長先生もびっくりしたそうです。

これでは地域教育などできるはずがありません。地域のつながりがほとんどないのです。お互いに干渉したくないというのが本音なのでしょう。

団地の造りでも、エレベーターが二軒のためにそれぞれ備えてあって、誰にも会わないでそのまま建物から部屋へ出入りするので、お隣同士でもほとんど顔を合わさず、コミュニケーションもないというのが現状です。

学校でも、プライバシーの保護を強調する声が多く、まえに言ったように、名簿も作れなくなりました。親の職業も聞けなくなっているそうです。どんな職業であれ、社会に貢献しているのです。なぜ隠す必要があるのかわかりません。

気にしすぎるあまり、私のところへも、「先生のアドレスを教えてくださいと言われたのですが、教えていいでしょうか」という問い合わせが度々《たびたび》来ます。私は、おかしな時代になったなと思いつつ、「何でも教えてあげてください」と言っています。

何事も周囲のフォローが大事

アドラーが共同体感覚を持ち出した理由は、これまで述べてきたようにいろいろありますが、やはり、一番大きなことは、「人は一人では何もできない」ということでしょう。**何をするにも、周囲のフォローが必要**だということです。しかし、このフォローを期待すると、とんでもない結果を招くことがあります。

たとえば、ある人が、駅でタバコを吸っている若者が吸殻《すいがら》をその場に捨てているのを見ました。彼が、「吸殻は決まった場所に捨てなければダメだろ」と注意すると、「いいっす。いいっす」という返事です。

「そっちがよくても、こっちはよくないいんだ」と言ったら、「それじゃ、おじさん捨てたら」と言われ、彼は絶句したそうです。こういうとき、私だったら、もう少し対話が続くような工夫をしたと思います。

しかし、いずれにしても、知り合いではない子どもを叱るのはとても難しい時代になりました。刃物を持ち歩いている場合も多いからです。

ですから、「他人の子どもでも叱ろう」というスローガンもとても危険なスローガンだと思います。

そして、何よりも怖いことは、最初に言ったように、周囲のフォローが必要なのに、それを期待することができないということです。電車の中など公共の場で注意しても、ほとんどの人は知らん顔です。

しかし、もし、直接叱ることができなかったら、叱らなくてもいいから、誰かが叱っているときに、「僕もそう思うよ」と言って、叱っている人をフォローすべきなのです。

そうすれば、一見こわもての高校生でも、こちらを甘く見ることができなくなり、「うるせえー」くらいの悪態はあっても、言うことを聞いてくれます。

このフォローすることの大切さは、叱る場合だけではなく、すべての場面で言えることだと思います。

たとえば、学校現場などでも、「危険ということで取りやめになった騎馬戦ですが、少し工夫すればやれると思います」などと、具体的な方策を示して提案する教師がいたとします。

ところが、すでに決まったことを覆《くつがえ》したくないのか、あるいは前例を重んじるのか、会議の場は、シーンとなってしまいました。誰も、フォローしてくれなかったわけです。その結果、折角の前向きの提案が、立ち消えになってしまいました。

こうしたことは、どこにでもあることなのではないでしょうか。

今ある幸せをもっと見つける

どんなにいい環境に恵まれても、馴れてくると、その環境の嫌な面が見えてくることがあります。いい人生を送るには、それを避けなければいけません。過去を振り返ったときには、いいことを思い出すことです。

もちろん、会社が倒産したり、子どもが不登校になったりと、悪いこともたくさんあったでしょう。しかし、それを乗り越えて生きてきて今があるのです。

ですから、**天を信じて、物事を楽天的に考えるほうがいい人生になるに違いありません。**

「明日のことを思い煩《わずら》うな」という言葉があるように、私たちは、ずっと先を見ると、心配でたまらなくなります。

これは、本当に無益なことです。なぜならば、一寸先は闇《やみ》であって何が起きるのかわからないからです。

もしかしたら、一寸先に、素晴らしいことが待っているかもしれないのに、心配をしているのは時間の浪費以外の何物でもありません。

青い鳥ではありませんが、案外、幸せは目の前にあるのかもしれません。要はそれに気づくかどうかでしょう。

気づくために大切なことは、自分はこれでいいんだと自分を信じることであり、自分の人生にオーケーと言えるような人生を送ることです。

ただ、このとき、気をつけなければいけないことは、いい人生だったと思うために、自分の立派なところを探そうとすることです。そうなっては、人生にオーケーを言うことができなくなります。

なぜならば、人間は、そんなに立派なものではないからです。

ですから、むしろ、当たり前のこと、たとえば、ご飯をちゃんと食べられていることに

◆目の前の幸せに気づこう◆

オーケーを出しましょう。

これは、私たちにとっては当たり前であっても、飢餓《きが》に苦しんでいる人々から見れば、素晴らしい宝物なのです。ですから、こんなにご飯をいっぱい食べられるなんて幸せだな、日本に生まれて良かったなと思うことです。

しかし、人間は欲望というのがあります。

ご飯を食べられるようになったら、もうちょっと肉がほしいとか、お刺身が食べたいとかと、どんどんエスカレートしてしまいます。

そのエスカレートに対抗するのが、アドラーの言う「共同体感覚」という考え方です。たとえば、自分一人で生きているわけではないから、資源を全部使い切ってしまったら困ります。今のところ、まだ石油で間に合っているようですが、100年後にどれだけ残っているでしょうか。

というわけで、私たちの持つ欲望のようなものは、放っておくと、どんどん肥大していってしまうのです。

ですから、**欲望を肥大化させないためには、今ある幸せをもっと見つけられるようにならないといけない**のです。

アドラー的に言うと、私たちはすごく恵まれているのです。飢餓状態にあるという北朝鮮の人から見れば、そしてエボラ熱に苦しむアフリカの人から見れば、あるいは、イスラム国に蹂躙《じゅうりん》されている地域の人から見れば、日本は天国です。住んでいる日本人が、それに文句を言ったら、バチが当たります。

「コモンセンス」にはバランス感覚が必要

「共同体感覚」との関わりで、もう一つ、アドラー心理学の特徴に「コモンセンス」があ

ります。コモンセンスは直訳すれば「常識」ということになりますが、アドラーがいうコモンセンスは、大体80パーセントぐらいの人が賛成する程度の「常識」と言っていいでしょう。

これがアドラー流のソフト決定論であって、１００パーセントと言わない分、極端になりすぎないのです。

たとえば、戦争反対を唱える場合でも、１００パーセントの人が反対しなくても、70パーセントぐらいの人が反対したら、これは正しいとするわけです。

この考え方では、パーセンテージが高くなればなるほど、唯我独尊になってしまってよくないとするのです。いわば、この唯我独尊を止めるために、残りのパーセントがあるということです。

会社の意思決定などでも、「全員が賛成した案は取り上げないほうがいい」と言いますが、それも同じ意味でしょう。

つまり、残り30なり20なりのパーセントを占める意見との折り合いをつけることで、ちょうどいい塩梅《あんばい》のコモンセンスができあがるということなのです。

これは、バランス感覚が大事だということであり、物事は中庸がいいという考え方に通じるものがあります。そういう意味で、アドラーは、東洋的な「中庸の徳」に通じるものがあるとも言えます。

この「コモンセンス」を含め、この章で取り上げたアドラーの「共同体感覚」は、人間の生き方としてもとても納得性のあるものだと思いますので、すこし理屈っぽくなりましたが、心に留めていただければと思います。

第5章

いじめられっ子が辛いのは、「いじめ」より「無関心」

――「自分が他者をどう思うか」を信頼関係の出発点にするアドラーの知恵

道徳には知識ではなく行動が大切

今、前章でお話ししたアドラーの「共同体感覚」に通じる教育現場での問題が、クローズアップされています。

他者への共感性が乏《とぼ》しくなっている今、文部科学省が道徳教育を特別な教科研究にすると言っているのです。

私は、いろいろな小中学校に行って道徳教育を見ていますが、確かに、今の学校教育は道徳教育をやっているとは言えません。

どういう意味かと言いますと、道徳教育ではなく、言うなれば倫理学、大学で研究するような「人の生きる道」を教えているからです。

偉人の話を聞かせたり、あるエピソードを聞かせたりして、その中心人物の気持ちを考えるといったものです。

たとえば、いじめっ子がいました。そこへ太郎さんは行って、「やっちゃいけないよ」と勇気を奮って言いました。

そのとき、太郎さんはどんな気持ちだったでしょうか。そういう話をからめて、これは人の道としてどうあるべきか、ということを子どもに教えています。少なくとも、私にはそういうふうに見えました。ですから、時々、「これは道徳教育ではなくて、倫理学をやっているんですか？」と尋ねたくなってしまうのです。

同じ教材を使うにしても、ある物語に花子さんという人が出てきて、もしこの場面に君が遭遇《そうぐう》したら、「君はどんなふうなことをやるだろうか」と問う――。これが道徳を教えることになります。太郎さんがどうするか、ではないのです。

広辞苑で道徳教育を引いてみても、「子どもに一定の行動様式や態度を身につけさせ、一定の価値を志向させ、理想を自覚させる教育」とあります。

つまり、本人に行動、態度が身につかなければならないのです。

太郎さんがどうするかというのなら、これは国語の時間になります。道徳というのは、自分の行為に対する影響力があるのですが、倫理学にはそれがありません。どこかで授業参観の機会があれば、ぜひ見ていただきたいものです。

「太郎さんが」ということは、「自分が」ということにも通じるのではないかと思っている人もいるかもしれません。おそらく前提はそうでしょう。

でも、それならなぜ、「君は？」と聞かないのでしょう。最初からどうして自分に直面させないのでしょうか。「君は」と聞かなければ、いつでもどんな内容でも、「太郎さん」に逃げられてしまいます。

ですから、いくらでもいいことが言えます。「太郎さんは、人のいじめた子を守ってあげて、とても満足したと思います」というように、太郎さんのことをどう思うか言っただけで、この子はなかなか道徳的な子だ、などと言えるでしょうか。人間は口だけでどう言おうと、実際は全然違うかもしれないのです。

したがって、「君は」「自分は」というのを抜きにしては、道徳などあり得ないわけです。それなのに、ほとんどの学校が道徳教育の時間に道徳をやらないで、倫理学をやっているのです。

道徳は知識など関係ありません。大事なのは行動です。いくら頭の中に、人間のあるべき道という知識が入っていたとしても、まったく別物です。人間にとって重要なのは、そのときどう行動するかです。

前の章でアドラーの考え方として挙げたように、**「知識」があることと、「行動」に移せるということとは、まったく違うこと**なのです。

他人に無関心な人は自分にも無関心

文部科学省は、小中学校において次の四つの道徳の内容項目をホームページにも示して指導したいとしています。

①主として自分自身に関すること
②主として他の人とのかかわりに関すること
③主として自然や崇高なものとのかかわりに関すること
④主として集団や社会とのかかわりに関すること

社会的なことに関心を持つという視点から考えられていることは大変いいことだと思います。しかし、下村博文文部科学大臣は、いじめが増えているのは道徳教育をちゃんとやっていないからだと言っていました。

これは全然違うと思います。私は他者への関心が、今の子どもたちは低くなってしまっているからだと思います。

前述したマザー・テレサの言葉のように、「愛の反対概念は他人への無関心」というのはまさに本当です。暴力などではないのです。

そのような見方もあるかもしれませんが、基本的には他人に対して無関心というのが蔓延した結果、いじめがあっても、「俺じゃねえ」「関係ねえや」ということになるでしょうし、苦しんでいる人がいても、「俺には関係ないよ」と、逆にいじめるほうになるなどというのが今のいじめです。

ですから、そういうことに何も感じないで、「俺は関係ないや」とやっているのが一番大きな問題なのです。「他者への共感性」、アドラーの共同体感覚で言えば、「他者への基本的な信頼感」というものが全然できていないのです。

何度も言うように、今の中学生が言う友だちというのは、自分に得を与えてくれる人、ひどいのは脅かして金を巻き上げるのが友だちという認識です。そうでなければライバルで、自分が蹴落とさなければならない敵です。そうでなければ、俺はあいつらとは全然関係ない、無関係、無関心の人たちです。

なぜそうなってしまったのかということを考えなければいけないのですが、**アドラー的**

に言えば、「他人に対して無関心」でいられるというのは、基本的なところでは「自分に対して無関心」だからです。

これは自己肯定感をしっかり持っていれば、けっしてそんなことにはならないのです。今の大学生、女子でも男子でも、一人で食べるのが恥ずかしいというので、ランチをトイレで食べているという話があります。噂ではなく実際にあるというのが驚きです。

人にどう好かれるかばかり考えて、自分の判断ではなく、人の判断で自分が生きているような若者が増えている証拠です。

自分が相手をどう思っているのだろうかということがすっぽり抜けて、相手は自分のことをどう思っているのだろうということばかり気にして、相手のご機嫌まで取らなければならなくなる――。でも、本当は**相手ではなく、自分が相手をどう思っているかということこそ磨かなければならないこと**なのです。

いじめの傍観者たちの重大な過ち

相手のことが気になるというのは、一見、相手の意志や感じ方を尊重しているように思えます。

しかし、本当に相手のことが気になるのなら、本来は相手と戦ってでもその気になることを確かめるはずです。自分が絶対に行くべきでないと思うところへ、相手が行こうとしているのであれば、戦ってでも止めようとするはずなのです。

ところが、「相手が行きたいのなら仕方がないや。行かせておこう」というのは無関心だからそう思うのです。

いじめが起きたとき、「いじめは良くない」という意見は7、8割はあると思います。いじめはいいなどと言う人は、たぶんほとんどいません。でも、問題はそこではないのです。そういういじめがあったときに、自分がそのクラスの中でコミットしようとしないことが大きな問題なのです。

いじめられている子どもからすれば、一番辛《つら》いのはいじめている子ではなく、その他大勢の傍観者——自分に関心を向けてくれない人たち——に一番傷つくのです。

それなのに、誰もそのことに気づいていません。いじめっ子をなくしてしまえば、それでいじめは終わるなどというのは幻想です。そんなことはまったくあり得ません。

多くの人は、いじめられている子どもに対して、「かわいそうだ」くらいには思うかも

◆いじめの傍観者たちが一番傷つけている◆

しれません。

　しかし、問題なのは、「あの子のために自分は何ができるのだろうか」ということを考えないことです。

　いじめられている子どもは、とことん辛くなると自殺する子がほとんどです。すぐに新聞も、いじめたのは三人、などと書くのですが、いじめられていることを知っていて助けてくれなかった大勢の人たちのことはまったく書きません。テレビも報道しません。

　いじめた子に腹が立つのは当たり前で、いじめられた子どものほうも、どうして自分をいじめるんだと、いじめる子に対して腹立たしい気持ちです。

敵意ははっきりしています。

ところが、「その他大勢の子どもはなぜぼくを助けてくれないのだろうか。やはり自分にはどこか問題があって、いじめている子どもたちとみんな同じようにぼくを見ているのだろうか」というふうに考えてしまい、誰も助けてくれないことに深く傷つくのです。

そのように知っていて知らぬふりをする傍観者には文句を言うこともできません。**その他大勢の子どもは何か直接手を下したわけでもなく、ただ助けてくれなかっただけなのですから。しかし、何もしなかったという重大な過《あやま》ちを犯している**のです。

いじめられている人を何人かカウンセリングをしましたが、我々大人の世界でも同じです。傍観者の存在が一番いじめられている人を傷つけるのです。

要するに、苦しんでいる人がいて、それを尻目に黙って平気でいるということ自体が大問題ではないでしょうか。

これはアドラーが非常に問題にした点でもあり、共同体感覚がない、育っていないということです。一緒のクラスにいながら、つながりというものがまったくないわけです。

このようなことから、「どうやって他人への共感を育てていくのか」ということが、今一番の重要課題なのです。

「いじめていない」ことが絶対的に良いことか

人とのつながりなどというものは、教えることではありませんから、道徳教育でも実践されていません。知識だけ覚えても意味はありません。

したがって、共同体感覚を育てるには、行動で覚えるボランティアをさせるのがいいでしょう。

たとえば、〝ゴミ拾い〟です。「きれいになって、他の人はどうだったろうね。喜んでくれたかな」と問いかけると、自分がやったことですから、「喜んでくれたと思うよ」と肯定的な返事がおそらく戻ってきます。「ああ、いいことだね。じゃ、これからもやろうね」と会話をしていけばいいのです。

たとえば〝挨拶〟なら、「こちらから〝おはようございます〟と言ってみようか」と言って、やったところ、向こうから「お兄ちゃん、おはようね」と返ってくるかもしれないし、ブスッとして行ってしまうかもしれません。そしたら、その経験をまた話し合えばいいわけです。

そして、「やっぱり挨拶というのは必要なんだな」「こうやって声をかければいいんだな」ということを、そこで学べば、同じ場面に遭遇したときも、子どもは正しいと思った行動がとれるようになります。

しかし、たとえば道徳の授業の中で、「太郎君がいじめられました。太郎君は誰に対して一番辛いと思ったでしょうか」というようなことを言っても、あまり意味がないと思います。道徳はエモーショナル（感情的）な部分がたくさんありますから、教科書の文字を覚えるように教えても通用しないのです。

やるとすればロールプレイングですが、それでも、「クラスの50人の生徒のうち、2人の生徒が1人の生徒をいじめました。では残りの47人は何をしていたのでしょう」という問いかけをしたとしても、ほとんどの答えは、「俺はいじめていないから関係ないよ」となって話にならないと思います。

自分がいじめたか、いじめていないか、ということだけを考えるクセがついていますから、いきなりそのようなロールプレイングをしたとしても、たぶんピンと来ないでしょう。

子どもたちの親にしてもそうです。先生が、「いじめがあるから、少し子どもと話し合ってください」と頼むと、学校から言われたのでもちろん話し合いますが、お父さんが、

「おまえ、いじめていないか？」と聞いて、「ぼくはいじめていないよ」と言ったら、「いじめちゃダメだよ」くらいは言うのですが、そこから先は何も言いません。「いじめられている子はどんなに辛いだろうね」とか、「いじめられている子に何か手助けできないかね」などとはまず言いません。

そういう話を先生が親にすると、「じゃあ、うちの子がそういうことを言って、代わりにいじめられたらどうするんですか？　先生、責任とってくれるんですか？」と、親は平気で言います。いじめられている子どもの気持ちを、言葉で理解させようとしても、なかなか難しいものがあるのです。

いずれにしても、**「いじめていない」ということは、悪いことではないけれども、けっして絶対的にいいことではないということだけは確か**なのです。

メールでコミュニケーションはできない

最近の子どもたちは、遊びの中でも人とのつながりを持てないようです。

あるお母さんが、子どもが友だちを連れてきたので、おやつを子ども部屋に持って行ったら、何人かがそれぞれ一人ひとり関係なく、夢中でゲームをやっていて、それを見たお母さんは宇宙人かとびっくりしたというのです。

一つの部屋に集まってはいるのですが、会話もなく、相手に関心も持たず、ただそれぞれ一人でゲームをやっている。今の子どもたちの遊びというのはそういう遊びなのです。ですから、人とのつながりが育ちにくいのです。

それに、遊びは本来、子どもの自由な発想が可能なはずですが、ゲームは、やっている側が内容を変えることはできません。

私たちが外で遊んでいたころは、飽きると面白くないから、ここに何か作ろうよと言って、みんなで話し合って遊びを変えていっていました。

みんなで集まっても、一人でメールをやっているような育ち方をした子どもの将来は、もうそろそろ結果は出かけているとは思うのです。ニートや引きこもりは増えるし、社会的なトレーニングがされていないので、それに伴う問題がまた現れるのではないでしょうか。不登校もまた増加傾向になっているようです。

大変な時期に来ていることだけは確かだと思いますので、子どもからはまず、携帯電話を取り上げるべきです。携帯電話でのメールやチャット、ＬＩＮＥをやめるべきでしょう。

便利かもしれませんが、メールというのが一番危険です。

なぜなら、**メールはコミュニケーションではなく、「情報交換」にすぎないのに、コミュニケーションをとっていると勘違いしている**からです。

LINEで100人友だちができたなどと言っていますが、前にも言ったように、そんなのは友だちではありません。

友だちは、一緒になって顔を見ながらしゃべって、たまには喧嘩して、一緒に笑ったり、泣いたり、いろいろあると思います。そういう関係が友だちであって、メールで友だちなどつくれるはずがありません。

お母さんが一階で食事の支度ができると、「ご飯だよ。下りて来なさい」とメールを送信するというのです。これには驚きました。

お母さんが「ご飯だよ。早く下りて来なさい」と、二階の子ども部屋に向かって呼び掛ければいいだけなのに、どうしていちいちそんなことをするのかと、そういった風潮をつくった電話会社とやりあったことがあります。

コミュニケーションというのは、言葉の中身だけではなく、そのときの声の音程とか、音量や速度とか、会っていれば、ボディランゲージとか、表情とか、いろいろなものを総合的に情報交換しています。一般的には情報はそのうちの2割程度です。残りの8割の中で雰囲気とか、気分とか、機嫌、体調までわかるのです。

ところが、そのたった2割で友だちをつくったと錯覚しているのです。

今の小学生のお母さんたちは、携帯電話で育った世代です。ですから、子どもに携帯電話を持たせるのに、さほど抵抗がありません。むしろ、子どもの所在がわかるから誘拐対策もあって持たせるなどと言っています。

でも、子どもを誘拐しようと思ったら、携帯を取り上げて叩き潰《つぶ》せばすぐ終わりです。絶対にどこにいるかなど確認しようがありませんし、携帯電話がセキュリティになると思ったら大間違いです。

企業のコマーシャルに乗せられて、みな小学生くらいから当たり前のように持たせていますが、それが心にどれだけマイナスになっているかということに、残念ながら気がついていません。

厳密には携帯は今や電話ではなく、メール発信器になっています。電話なら、声の調子で嫌がっている、怒っているとか、ある程度感情がわかるのですが、それがメールではまずほとんどわかりません。

ところが、小学生でもすでに3～4割が携帯電話を持っているそうです。これは問題です。

あと10年、20年経ったときに、うまく人間関係が組み立てられるかどうか、すでに今の子どもたちをみる限りでは、楽観できないのです。

教育とは与えるものではなく引き出すもの

こうした心配の中でも、社会はなんとか成り立って行くと思います。

ただ、今のままでは理想的な社会からはどんどん離れていくだろうと、それが残念なのです。

アドラー的に言えば、遊びには共同体が必要です。それが今、市場主義によってどんどん崩されているところです。勝った人がすべてという考え方がはびこり、現に今その考え方だけでなく、実態がそういう世の中になっています。アメリカはその典型的な国で、日本もアメリカに倣ってそうなりつつあるのです。

また、社会というのは法律で支配できます。権力があるのが世の中です。共同体には権力はありません。共同体は年の功などで選択されます。

しかし、今の世の中は権力で物事を動かそうとしています。そういう中では、あまり何も考えないで、権力の枠の中だけで動いてくれる人のほうがいいわけです。新しい発想も必要としません。

ですから、そういう意味では、世の中はもっと管理的になっていくでしょうし、一種の全体主義であり、独裁的な共産主義のようになっていきます。

その体制にとって非常に役に立つのが、例に挙げてきたような今の子どもたちです。余計なことをつべこべ言わずに、メールで勉強するような教育を受けてきた子どもたちです。今、学校という形態もなくなりつつあります。洗脳されているところもたぶんにあるのではないでしょうか。

以前、東京都杉並区の山田宏元区長が、予備校の先生がたのところへ学校の先生を勉強させに行かせたことがあります。これはとんでもない話です。

予備校は余計なところ全部をそぎ落として、知識のみを教える学校です。知識のレベルで言えば、確かに学校よりはるかに効率的です。

ところが、学校は知識だけを学ぶところではありません。今まで述べてきたように、遊びとか、その中での社会経験とか、さまざまな対人関係などがあるからです。

予備校のカリスマ教師たちは、知識を教えるノウハウは持っていると思います。それも必要ですが、それがすべてではないのです。

技術を否定しているのではありません。

私がもっと重要だと思うのは、そうした技術を、子ども自身が自分から見つけていく技術です。与えられる技術ではなく、子どもが自分で気がつくために、気がつくようにさせる技術が必要だと思います。

じつは、アドラーの技術はみんなそうなのです。こちらから、ああですよ、こうですよ、と教えるのではまったくありません。「こんなことどうだろう。きみの経験の中にあったかな」と言えば、「そうだ。先生、あったよ」などという返事が返ってくるように、いかに多くの経験をしているかということが肝心なのです。

しかし、今行なっている教育は、子どもの中の可能性を引き出す教育ではなく、与える教育になってしまっています。与える技術や教育なんて、私に言わせれば、どうでもいいことだと思います。そういう技術に子ども自身で気がついていける。そういう技術をもっとつくるべきだと思います。

残念ながら、今の学校の先生はそのことに気づかず、与える技術だけになってしまっています。

答えは基本的に自分の中にある

アドラーにも、自分で答えを発見させるという考え方があります。それは、隠れた部分にスポットライトを当てるという考え方のことです。

フロイトも無意識を意識化させると言いました。アドラーで言えば、大きな舞台があって、人間の意識というのは、この舞台のある一部分にスポットライトを当てて浮き立たせているところに意識があるのと同じと言いました。

ですから、隠れた部分にスポットライトを向ければ、これまで見えなかったところが見えてくるというわけです。フロイトの無意識に当たるところは、アドラーでは舞台のライトが当たっていないところということです。

アドラーは、スポットライトを当てて、他の観点から眺めてみたら、結果が違うかもしれないと言いました。「そうか。スポットライトを変えてこっちを見てみようかな」となれば、また別のものが発見できる――。読み替えができるということです。

したがって、基本的に答えが自分の中にあるという考え方なのです。

Education（教育）というものはそういうものです。edu というのは、引き出すという意味があり、cation というのは able のことで、能力という意味があります。ここからも「教育」は、与えるものではなく、引き出すものだとわかります。それが本来の「教育」ということなのです。

もちろん、細かなことを言えば例外はあります。たとえば、漢字などというものは、教えなければダメです。知識として引き出す前に入っていなければ出てきません。入っていないものを引き出すのは無理です。

それよりも**大事なのは、対人関係、発想力というものです。これは引き出してあげるものなのです。これは広い意味で言えば、「知恵」**ということになります。

たとえば、算数にしても、答えの出し方はたくさんあります。無駄なものも含めていろいろな出し方をすればいいのです。一番合理的な出し方は学校で教わる出し方かもしれません。大事なのはプロセスです。合っている、間違っている、というのは結果です。

同じ間違えた結果を出してきても、一人ひとり考え方がみな同じかというと、そうではありません。教える側も、この生徒はどこに引っかかって間違えたのだろうということを考えて教えれば最高だと思います。

でも、「そんなことをやっていたら、いくら時間があっても足りません」と、学校の先生には言われます。ですから、全部とは言いません。このことが大事だと心に留めておいてもらって、いくつかピンポイントだけでも、やってもらえたら少しずつは変わっていくと信じています。

子どもには1度困った体験をあえてさせる

子どもが困った行動をして、親を悩ませることはたくさんあります。基本的な対策は、建設的な代替案を示すことです。私は、いつも、子どもに言ってはいけない三大禁句として、「ダメ」「早く」「頑張れ」を挙げているのですが、その理由は、これを言っても全然役に立たないからです。たとえば、食事の時間に席を離れたり、朝、グズグズして、なかなか学校へ行かなかったりなどの、困った行動を取った場合です。

食事のとき席を離れて動き回っている子どもに、「ちゃんと座っていなければダメ」「早く食べなさい」と言っても、子どもは言うことを聞きません。

そういうときには、「本日の我が家のレストランは7時で終了です」と言って、7時になってもまだウロウロしていたら、「はい、レストラン閉店」と言って、片付けてしまいます。子どもが文句を言っても、絶対に食べさせてはいけません。

朝、起きるのが苦手な子どもだったら、起こしたほうがいいか、起こさなくてもいいのかを聞いて、子どもの言うとおりにします。自分で起きると言ったのに起きられなかった場合、それは子どもの責任です。

先生に叱られて帰ってきた子どもに、「明日はどうする?」と聞いて、大丈夫と言ったら、やはり放っておきます。何度か繰り返すうちに、起きられるようになるかもしれませんし、「やっぱり起こして」と言い出すかもしれません。

起こしてと言われたら、起こしてあげればいいのです。そのとき、「自分で起きると言ったでしょ!」というお説教は禁物です。子どもから頼まれたことをしてあげれば、子どもは素直に従います。

こちらが早く起きなさいと言うからいけないのであって、**力を貸してと言ったときに貸してあげればいい**のです。**子どものSOSは全部受けてあげることが肝心**です。

つい、早くしてよと言いたくなる気持ちはわかりますが、それを言って早くなることはありません。もし、早くやるようならば、それはお母さんへの恐怖心からです。恐怖感がなくなれば、元の木阿弥《もくあみ》でしょう。

早くしてと言われて早くなることには意味がありません。それよりも、自分で早くできたときに、「早くできてお母さん嬉しいな」と、お母さんの気持ちを表現するI《アイ》メッセージを発信すれば、子どもはますますやる気になるのです。

早くできたことがなく、「嬉しいな」と言うチャンスがないというお母さんもいますが、そういうことはありえません。おなかがペコペコならば、早く食べるに決まっているからです。出かけるときに靴を履《は》かずにグズグズしているときは、裸足でいかせてしまうのも方法の一つです。

このように、**一回困ることを体験させることを「自然の結末」と言います。一回困るという「自然の結末」を体験しないと、なかなか自分を変えようという気持ちになれない**のです。

子どもの困った行動をやめさせるには、このように子どもが自分で困った体験をするほうが、親が口うるさく言うよりはるかに効果的なのです。

子どもと話すのは「片手間」も「後で」もダメ

子どもというのは、なぜか、忙しいときに限って話しかけてくるものです。そのとき、下手な対応をすると、子どもは「お母さんはいつも、話を聞いてくれない」と決めつけて、話をしてこなくなってしまいます。そこで、まずは、これはしないほうがいいですよという応じ方を挙げておくことにしましょう。

①ながら聞き――洗物や洗濯物の取り込みなどをしながら子どもの話を聞こうとする親御さんは多いと思います。子どもが話しかけてきたらすぐに対応しなければと思う親心なのですが、その親心は子どもには伝わりません。自分の話は仕事のついでなんだと思った子どもは、さらに欲求不満をつのらせるのです。

②約束を守らない――「今、ご飯を作っているから、終わったら聞くから待っていて」と言えば、子どもは待ってくれます。ところが、黙らせるのに成功したお母さん、「あ、鍋を洗うの忘れてた、それが終わるまで待って」と言ってしまいます。それは子どもにとっては、「お母さん、うそつきだ」となり、お母さんを信用しなくなります。

③あとでねと言う――「「今忙しいからあとでね」と言われた子どもは、「あと」がいつのことなのかわかりません。一週間先かもしれませんね。不安になった子どもは、きっと「今でなきゃイヤ」と言い出し、「あとでって言っているでしょ」と言うお母さんと喧嘩になってしまいます。

ここまでお話しすれば、どうすればいいのかわかっていただけると思います。これらと逆のことをすればいいのです。お母さんの仕事がたとえば、30分後には一段落すると思ったら、「あと30分、6時半まで待って。そしたら、お話聞けるから」と言い、その約束を守り、子どもの話を聞くことに専念することです。

どうですか？ **ながら聞きをせず、約束を守り、後でではなく具体的に聞けるときを示す**と、親御さんの忙しさにも子どもの要求にも全部応えられる。すべての問題をクリアしているでしょう？

子どもに「論理的な結末」を教える

たとえば、子どもが勉強をしない、怠《なま》けぐせがついてしまった、という悩みを訴えるお

◆「論理的な結末」を教えれば、自分で勉強するかを決める◆

母さんに、私はいつも、「勉強をしなさいと言って、勉強をするようになりましたか?」とお尋ねすることにしています。

大抵の場合、言ってもダメですとおっしゃいます。そこで、「言ってもムダならやめたらどうですか」と言うと、「なおさらやらなくなるじゃありませんか」という返事が返ってきます。

なぜ、言っても言ってもしないのでしょうか。

それは、勉強しないのは誰の問題なのかという問題に関係しています。誰が解決しなければいけない課題なのかということです。

これは子ども自身なのです。親が勉強しているわけではないから、勉強してもしなくても最終決定は子どもです。ですから、**もしやったとしても、親に言われてやるのであれば、あまり意味がありません。自分からやることが大事**だということです。

しかし、私は、何も言わずに放っておきなさいと言っているのではありません。どうすればいいのか、それは、**勉強をしないとどういうことになるのかを示唆《しさ》するだけにとどめること**です。

「勉強をしないと、今度のテストで悪い点をとっちゃうかもしれないね」と言っておくだけにするわけです。この**「こうなればああなる」を、「論理的な結末」と言います。**

ここで、子どもが「テストが悪くても構わない」と言うのであれば、それは子どもの選択ですからそれに任せます。

その結果、悪い点を取ってきたら、「こうなると、行きたいって言っていた学校の試験に受からないかもしれないね」と、再び「論理的な結末」を教えておけば、子どもは自分で、勉強するかしないかを選ぶでしょう。

極端な言い方をすれば、**私は勉強をしなさいと言われてやるようならば、むしろやらないほうがいいとさえ思っています。しなさいと言われていやいややっている子どもは、な**

かなか本気にはなれないからです。

「論理的な結末」に納得して、「勉強をすることが必要だ」と思い、勉強することを選んだ子どもは、きっと、必死に勉強をする子どもになることでしょう。要するに、**親の言うことを聞く子どもが「いい子」であるとは限らない**ということです。

過剰な気遣い屋さんには、気持ちを率直に伝える

上司や同僚と微妙に気持ちが食い違い、何となく居心地が悪いということがあります。こうした居心地の悪さをわかってくれないと思うこともあるでしょう。しかし、それはおそらく、こちらの気持ちの伝え方が不十分だからです。

たとえば、食事に行けばいつも、こちらの注文に合わせるとか、10時と3時にはきちんとお茶を淹《い》れてくれるとかという人がいると、こちらも同じことをしなければいけないような気持ちになって憂鬱《ゆううつ》、居心地が悪くなります。

多分、そういう気を使う人には、失敗がいやだとか、嫌われてしまうのがいやだとかということがあるのでしょう。それを守るために気を使っているのです。

これは、お互いのためにいいことではありませんから、率直にこちらの気持ちを言ってあげればいいと思います。

「別に気を使わなくても、嫌いになるわけじゃないし、そうしないからといってダメなヤツと思うこともないし」「そういうふうにやってもらうのはうれしいけれど、こっちもちょっとくたびれちゃうんだ。だからもっとフランクでいいと思うけど」

というわけです。

食事の注文をいつもこちらに合わせていて気になるのであれば、

「いつも、私と同じでいいって言うけれど、違うものが食べたくなることもあるでしょ。自分の食べたいものを食べるほうが得だと思うけどな。人間、一生のうちで何回食べるのかを考えたら、一回一回のご飯は貴重よ。大事にしなくちゃ。私なんか、食い気だけで生きているから、なおさら、おろそかにはできないのね」

などと、冗談めかして言ってあげます。

それでも、こちらに合わせるようであれば、相手がそうしたいと思っているのだと考えて気にしないことです。

それでも気になるのであれば、「今日はあなたが決めて」と言ってみてはいかがでしょうか。「この間、私のほうが言ったから、今日はあなたが食べたいのを、私も一緒に食べたいわ」という具合です。もっとも、そこまで気を使う必要はないと思いますけれど。

きちんきちんとお茶を淹れてくれるのが憂鬱だというのなら、「ありがたいけど」のひと言を添えて断ればいいでしょう。

あるいは、ときには同じことをしてあげるのも方法の一つです。してもらっていることをお返しするわけです。そうすれば、相手は、ちゃんとわかってくれていると思ってくれます。気を使った効果があったと、勝手に思ってくれるはずです。

ただ、気を使うのが好きだという人もいますから、そういうときは「そういう人なんだ」と思って割り切ることも大事です。

世の中を変えるには三世代の時間が必要

世の中に「共同体感覚」というものが広がってくれれば本当に安心ですが、世の中というものはそう簡単には変わりません。

日本には、東北にまだ、単なる政治区分でないコミュニティ（共同体）の原型といえる村や町がありますが、ほかの地域ではどんどんなくなる傾向にあります。

むしろ、そういう時代に適応するには、もっとそうした形としての共同体不足を乗り越えた、新しい発想が必要だと思います。

アドラーは、第一次世界大戦のとき、軍医として戦地に従軍しています。そこで悲惨な目にたくさん遭い、そうした経験の中から「共同体感覚」などという概念が生まれてきたのです。

このままでは地球は終わってしまう、そこまで考えたかどうかは私にはわかりませんが、その境遇に対抗する概念として生まれてきたのが共同体感覚なのです。

少なくとも、アドラーはこのままの世の中ではダメだと実感したはずです。だから世の中を変えなければならない、しかし、政治的な活動で変えるのではなく、臨床で変えたいとアドラーは思います。

それは自分が精神科医ですから、自分の能力を最大限に発揮できる臨床で、と考えるのは当然でしょう。

そうして、アドラー学派をつくっていったのです。好みはあるかもしれませんが、私はフロイトよりも偉いと思います。『アドラーの思い出』という翻訳本がありますが、その本の中で、アドラーは、「世の中を変えるためには、三代変わらなければダメだ」と言っています。

とくに、女性の問題について関心が強かったアドラーは、「男性性抗議」という概念を出しています。精神科医ですから、女性のヒステリーなど、いろいろ精神を患《わずら》った人を診ることが多かったのです。

フロイトは、そういうヒステリーの原因を、小さいときに性的欲望を抑圧した経験による無意識の作用だというふうに、考えたのですが、アドラーはそうではなく、簡単に言えば、女性がヒステリーになるのは、男性支配の世の中に抗議しているのだという考え方をしました。

しかし、そうした考えの中で、「女性がきちんと女性として認められる時代というのが来るのでしょうか」と聞くと、アドラーは、「三世代変わっていけば大丈夫だろう」と答えたといいます。

その後、現実はアドラーの言うとおりになりました。今はアドラーが死んでから約80年ですから、ちょうど三世代くらいです。確かに、精神障害としてのヒステリーはなくなったのです。

ただ、ボーダーライン（境界性パーソナリティ障害）という、面倒な精神障害は最近増えていますが、三世代かかるというのは立証されました。

アドラーは、この100年の間に「女性の権利向上に貢献した人」に選ばれたと前述しましたが、たしかにアドラーは典型的なフェミニスト（女性解放論者）です。100年もまえに、男女平等を強く主張していた人だったのです。

このように**「共同体感覚」にしても「男女平等」にしても、単なる心の癒しを超えた人間としての私たちの生き方にまで、アドラーは影響を与えています。**

また、そうした人間観や人生観、世界観が伴わないと、逆に心の癒しというもっとも身近な問題も、本質的な解決に至らないということでもあるのだと思います。

第6章

逃げるのではなく、場を外すのが解決への第一歩

――「怒り」「落ち込み」「不安」「不満」を解決するアドラーの知恵

腹が立ったときはその場からいなくなる

人間の心の状態の中でも、カッとなるとか、腹が立って仕方がないとかといった「怒り」の感情は、まさに〝今、現在〟起きるものです。

アドラーが〝今〟を重要視していることは、前の章でもお話ししました。

相手のぞんざいな口の利き方や、見下したような態度など、どうしても自分は腹が立つという感情は、〝今〟この場で湧きあがっているものです。

そのとき、カッとして叩いてやりたい。相手をあしざまにののしりたいなどという感情が芽生えることもあるでしょう。しかし、そうした今現在の感情を、実際に行動に移してしまうと、事態は悪化するばかりです。

事態を悪化させないためには、どうすればいいのでしょう。

ここで、最初に言った「怒りは〝今〟という時に深く関わっている」ということを思い出してください。つまり、**アドラー的に考えると、事態を悪化させないためには怒りの感情が渦巻《うずま》いている〝今〟を変えてしまえばいい**ということになります。

◆とりあえずその場からいなくなって冷静になる◆

〝今〟を変えるもっとも手っ取り早い方法は、〝今〟という時間を空間に転移させた〝その場〟を変える、つまり「その場からいなくなる」ことです。

相手が目の前にいるかぎり、怒りはなかなか取れませんから、相手からいったん少し離れて、〝その場〟から自分を消す、自分がいなくなることが有効なのです。格闘技などでいう「肩すかし」や「フェイント作戦」とも言えるかもしれません。

相手が目の前にいなければ、いつまでも腹を立ててはいられません。したがって、怒りを感じたときには、「ちょっとトイレに行ってこよう」など口実を設けて、その場からいったん離れてみることです。そこで、それで3分から長くても10分くらいぼうっとしていれば、怒りというのはかなり収まるものです。

子育てにしても同じことが言えます。子どものちょっとした失敗にカッとなってしまって、虐待まがいのことをしてしまうお母さんがいます。そういうとき、子どもを叱りながら、自分が冷静になることはできません。

ですから、「またやっちゃったな」と思ったら、まずトイレとかお風呂場などにこもってみることです。3分でも5分でも、子どもの姿が見えないところで過ごせば、気持ちは落ち着きます。怒りの感情は、そういう構造になっているのです。

上司にこっぴどく叱られて、「この野郎！」と思うことがあったとしても、そう思った自分を責めてはいけません。人間だから、腹を立ててはいけないということはないのです。たとえば、上司から「おまえバカじゃないか」と言われて腹が立たない人はいません。そのとき、今言ったような対処の仕方ができるかどうか、それが賢い人間かそうでないかの違いなのです。

怒りにまかせて、「冗談じゃない！　あんまりじゃないですか！」などとやってしまうと、怒りはエスカレートしていきます。ですから、ここでもまず〝今〟つまり〝その場〟

からの退避を試みます。

じつはこのとき、もちろん実際に場を移してもいいのですが、場を移すまでもなく、意識の上だけでの〝今〟からの退避もできるのです。

それには、いったん自分のことを見直して、「ああ、俺は怒っているな」ということを確認することです。

そのときの自分の精神状態は、ぶち切れそうだとか、暴力を振るってしまいそうだとか、いろいろな状況がありますが、そうした状況を第三者のような目で見てみればいいのです。

そうすれば、「殴っちゃいそうだな」とか、「口惜しくてとても我慢できない」とか、自分の状況が客観的にわかります。すると、ちょっと落ち着かなければいけないと思い、どうやったら落ち着けるかということになっていくのです。

それが、意識の上での「その場からの一時撤退」です。繰り返すようですが、**怒ってはいけないのではなく、感情の表現の仕方を工夫することが大切**なのです。

つまり、アドラーの重視する〝今〟をコントロールするもっとも簡単な方法――。それが実際の一時的場所移動と、意識の上だけでの場面転換を含めた、「その場からの一時退避」なのです。

落ち込んだら次はどうするか考える

「怒り」が今現在の感情であるならば、「沈み込み」「落ち込み」には過去が関係しています。何か過去に解決できないことがあって、満足できないまま、ずっと引きずっている状態が「落ち込み」になるのです。

ひどい落ち込みの場合は、「感情」が落ち込んでいるわけではなく、「気分」が落ち込んでいるということがあります。そして、「気分」を変えるというのは、結構難しいものがあるのです。

なぜならば、長くても20分から30分で終わってしまう「感情」と違い、落ち込んだ「気分」というものは、すぐには吹っ切ることができないからです。「感情」は一時的なもので、「気分」は気質のようなものがあると言えます。

場合によっては、一生引きずり続ける可能性もあります。過去のある段階で解決すればいいのですが、それがなかなかできないことが問題といえば問題なのです。

ですから、もう一度**勇気を出して、落ち込む理由、原因になっているようなものを思い**

出すことが大事なのです。

たとえば、仕事で失敗して社長に怒鳴られ、それを契機にだんだん自信がなくなって、一年経っても元気になれないというような場合、もう一度そのときのことを冷静に振り返ってみることです。

あのとき社長が私を怒鳴ったのはどうしてかなと考えて、たとえば「書類の書き方で怒られたのだけれど、どうも前と同じミスを何回も繰り返していたようだ」と思いついたとします。

すると次にはほとんどの場合、どのように書いたらよかったのかという思いが浮かんでくるでしょう。これが言うなれば「普通の反省」です。

「普通の反省」とは、次に同じ場面が生じたとき役に立つためにする反省のことで、その反省のテーマは、「次回はどうするか」ということです。

「ああ、そうか。そのやり方はこういうふうにやればいいのか」「他の人はどういうふうにやっているか、教えてもらおうか」とか、少し時間が経っていると、ある程度冷静に見られます。こうして「次回はどうする」と考えることで、落ち込みそのものからも回復できるのです。

それに対して、「普通ではない反省」もあります。どこが普通でないかと言えば、「ああしたらよかった」「こうしたらよかった」と「たら、たら」ばかり、くよくよ考える「自責の反省」ばかりになり、「普通の反省」ではできた「次回はどうする」という建設的な考え方ができないところです。

その結果、この「自責の反省」では、どんどん自分から落ち込んでいくばかりで、自分で自分を苦しめるためにする反省になってしまいます。

やはり、**「次回はどうするか」と考えるのが本来の反省であり、それが今言ったように落ち込みからの何よりの脱出法にもなる**ということです。

不安の正体を具体化する

前項で、**「落ち込み」は過去であり、「怒り」は現在であると申し上げました。それでは未来は何でしょうか。私が思うに、未来は「不安」**なのです。

たとえば、成績が悪くて「落ち込んでしまった」という表現の仕方をする人がいます。試験を受けたのは過去のことですから、試験の結果、成績が上がらなくて落ち込むことはあるでしょう。

　しかし、じつは、成績が悪くて落ち込んでしまったとき、その人は、未来を心配しているのです。「この成績では、志望校に受からないのではないか」などと、不安になるわけです。

「落ち込み」と「不安」と「怒り」は、人間が持っている三大感情ですが、その時間軸はそれぞれ違い、「落ち込み」は過去、「不安」は未来、「怒り」は現在なのです。不安というのは、こうなってはいけない、ああなってはいけない、こうなってしまうんじゃないかとか、そういうふうな心配をずっとしているのです。

　未来のことですから、本来はまだ起きていない出来事なのですが、あたかも起きた出来事のように自分でそれを受け止めて不安になってしまいます。自分の未来に対して、そういう予想を立ててしまっているので、「うまくいかないだろう」という思いを変えなければ不安は取れません。

　こうした**不安を取り除くには、まず、「なぜ不安に思ったのか」を考えること**です。**「まえも同じような失敗をしたな。だから、今回も同じことが起きるのではないかというので心配なんだ」と、不安の正体を知ること**です。

そうすれば、未来を信じるためにどうすればいいのかということを考えられるようになるでしょう。

たとえば、友だちに裏切られた経験から、また裏切られるのではないかという不安が生じたとします。そのとき、「もし万が一裏切られたら、どういう手段を講じようか」と、心の準備をしておきます。

不安というのは、自分では対処できないと思うから起きるのです。**ですから、対処できると思えば、どうにかなるという未来への信頼が生まれ、不安感は、なくならないまでもずっと軽減することができる**でしょう。

このとき**大事なことは、不安の正体をできるだけ具体化すること**です。不安という感情は、非常に抽象的なものが多いからです。ですから、具体的なレベルに変えることです。

今の例で言えば、友だちにまた裏切られるのではないかという不安が生じる引き金になったものがあるはずです。

「電話をかけて映画に誘ったら忙しいと断られてしまった、ところが、街でほかの友だちと会っているのを見てしまった、自分は嫌われたんだ、だから、次に誘ってもきっと断られるに違いない」

これは、第三者的に見れば思い込みに過ぎません。相手は、先約があったから断ったのかもしれないし、好みの映画ではなかったのかもしれません。

つまり、たまたま断る理由があっただけで、あなたの全てを拒否しているのではない可能性のほうが高いのです。

ですから、未来を不安がるのではなく、もしまた断られたらどうすればいいのかを考えておきましょう。いつなら大丈夫かを聞くとか、もしかして、この映画は好きな分野じゃないのかなと聞いてみればいいのです。そういうノウハウがないから、しなくてもいい不安感を持つことになるのです。

「悩み」には目的がつきもの

これまで述べたように、**私は、怒りも落ち込みも不安も、具体的な方法を考えることで、全部は難しいとしても、かなりの部分で解消することができると考えています。じつは、それがアドラー心理学の基本なのです。**

そこが、フロイトの精神分析と違うところと言えるでしょう。フロイトの精神分析は、過去を問題にします。

落ち込んでいるときには幼児体験がどうだったのかなど、過去の出来事を詳細に明らかにし、過去の経験を丁寧に受け止めることで解決するということです。

しかし、それに対して、アドラーは、すべての感情は、人間と人間の関係性の中で起きると考えます。

ですから、解決法もその関係性の中で見出すことができると考えるのです。前の例で言えば、上司から叱られて腹が立ったという感情は、上司と自分との関係性の中で生じています。

それで頭にきて、カッとなったり、叱られたとたんにやる気を失って、もうダメだと思ったりするのです。あるいは、叱られたとき、またこれからずっと叱られていくのか。俺の人生はどうなるんだろうというふうに不安になったりもします。

アドラーが取り上げる「関係」とは、こういう関係のことであり、相手がいなければ、こうした感情は芽生えないということです。

ですから、アドラー心理学は、小さいときからのいろいろな経験がこうだから、今、この人は落ち込んでいるんだということを重視しません。

したがって、精神分析というようなことはあまりせず、今言った**時間軸に関心を寄せて、そこの中で、どう対処していけばいいのかを考えるのがアドラー**なのです。そういう意味で言えば、**さまざまな負の感情を、人間関係の中で解決しようとしている**という点で、一種のハウツーと言っていいでしょう。

さらに言えば、「悩みには目的がつきもの」というアドラー的な見方もあります。悩むことそのものが、相手との関係を修復するためのハウツー、目的になっている場合があるのです。その意味では、**「悩み」には、知られざる効用があります。**

たとえば、何かの理由で一生懸命悩んでいると、それを見た人の中には、「あの人は深く反省している」と思う人もいるでしょう。「反省していると思ってもらいたいから悩んでいるのではない」と言われるかもしれませんが、結果として他の人からそう思われることは実際に少なくないのです。

言われてみればそうかもしれないと、思い当たる人もいるでしょう。そればかりかもっと言えば、無意識的なところでは、悩みというのは、ある意味では「復讐《ふくしゅう》」にもなることがあると言ってもいいのです。

たとえば、上司にこっぴどく叱られて、それを契機に悩みだしたとします。朝会社に行くのもギリギリになるし、たまには遅刻するようになるし、会社へ来ても無気力で、ぼうっとしているというふうな状態になってしまいました。

「あんなに元気で、朗らかだった人が、どうしたんだろう」と社内的にも話題になり、それを上司が見て、「自分のせいかもしれない」とどこかで思ったとします。

無意識かもしれませんが、上司を困らせるという目的が、彼の悩みのどこかになかったとは言えないのです。まさにアドラー的な「悩みの目的」です。

「悩みの目的」に気づくことで悩みが消える

たとえば、中年を迎えたというこんな男性がいました。彼は、奥さんに責められてノイローゼになり、不眠症になっていたのですが、その原因は明らかでした。

奥さんが責めるのは当たり前で、じつは彼には愛人がいたのです。ですから、愛人には、「早く別れて。私と結婚すると言ったじゃないの」と責められます。

意識するかしないかにかかわらず、悩みには目的がつきものという、アドラー流の目的論で言えば、彼の悩みの目的は、どちらとも別れたくないところにあるのです。悩んでい

◆悩みの目的に気づくことで決断できる◆

る間は、選択をしないですむからです。

　自分はこうして悩んでいる、夜も眠れないほどだ、ノイローゼになりそうだという状況が続く限り、奥さんも愛人も、「あの人、一生懸命悩んでいる」「けっこう誠実なのね」と、悩んでいることが免罪符のようになって、現状を維持できるのです。

　しかし、こういう訴えを受けても、どちらとも別れたくないという目的をカウンセリングで成就させてあげることはできません。「早くどちらかに決めなさい。そしたら、悩みは全部消えます」と言うしかないのです。

　とはいえ、そこまでの話に持ってい

くためには、それなりの段階を踏まなければなりません。まずは、「自分をごまかしている」こと、「自分の目的は、どちらとも別れずにすませること」であることに気づかせてあげることです。

ですから、私はこうした相談を受けたときは、最初に「夜も眠れないというあなたのことを心配しているのは誰ですか」と聞いてみます。おそらく、「妻も心配してくれるし、彼女も心配しているようだ」という都合のいい返事が返ってくるでしょう。

問答はさらに続きます。「では、あなたが、奥さんか愛人か、どちらかを選んだらどうなりますか」「彼女を選んだら、妻は激しく攻撃してくるでしょうね」「その攻撃に耐えられますか」

ここで、「耐えられる」というのであれば、やってごらんなさいと言うしかありませんが、大抵の場合「耐えられません」と言いますね。

「じゃあ、奥さんではなくて、愛人はどういうふうにあなたの今の不眠を思っていますか」「なんてだらしない人なの。決心がつかないで。早く決心して、私と結婚するという約束を守ってちょうだいと言われます」「たしかにそういうこと、あるかもしれませんね。あなたは本当はどうしたかったんですか」

ここまでの問答が続くと、彼は、初めて、今さらのように、「そうか。俺は二人ともほしかったんだ」ということに気づくわけです。

気がつかせたところで、「重要なことがわかりましたね。やはりあなたの不眠を治すためには、辛いかもしれないけれど、思い切ってどちらかを選択しなければいけませんね」と言ってあげます。

もちろん、不眠が続いても、両方とも捨てたくないという場合もあるでしょう。いずれにしても、カウンセリングは、これでおしまいです。まあ、大抵の場合、愛人と別れる道を選びますね。

なぜならば、奥さんと本気で別れるつもりならば、それほど悩むことはないからです。要するに、愛人と別れなければいけないことがわかっていながら、それが惜しくて悩んでいるだけです。

カウンセラーの役割は、「自分をごまかしていること」に気づかせ、相手の悩みのもとを明らかにしてあげることなのです。

アドラー的に見たときの、「悩みの目的」に気づくことで、人は辛くても一歩前に踏みだすことができるはずです。

不満の理由を具体的に考える

子どもが、たとえば、「花子ちゃん、意地悪なの」と言ってきたときに、親はよく、「そんなことないよ。花子ちゃんだっていい子だよ」とか「人の悪口を言ってはいけません」と言います。親としては、子ども同士の関係はいいほうがいいと思っていますから無理はありません。

しかし、これは、じつは子どもの意見をそこで否定することになったり、子どもの自然な感情を抑えつけることになったりします。子どもにしてみれば、「お母さんは、私の味方をしてくれない」ということですから、だんだんにへそを曲げていくことでしょう。「お前の意見は間違っている」ということだからです。とはいえ、「意地悪なの」というのは、子どもの主観ですから、お母さんがすんなりと子どもの意見に賛成するのも問題です。

このように、**間違いなのか間違いでないのかがわからない意見が出たときは、できるだけ主観的な判断ではなく、具体的な判断に変えていく必要があります。**

だから「花子ちゃん、意地悪するの」と言ってきたときには、それがあくまで、「あなたがそう思ったことだから、お母さんには、花子ちゃんが意地悪なのかどうかはわからない」と、主観に過ぎないことをそれとなく伝えることです。

そして事情を聴くには、「どうして?」でなく「どこが?」「どんなところが?」と聞いたほうが、具体的な話が聴けます。「どうして意地悪されたの?」ではなく、「どこが意地悪だったの?」「どんなところがイヤだったの?」などと聴いてみます。

すると、たとえば「給食のとき、私が食べるのが遅かったら、花子ちゃんが来て遅いねって言われて、とても嫌だった」などと話してくれるでしょう。

そうすれば、「ああ、そうか。それはいやだったね」とか、「じゃあ、その次どうしたらいいかな」とか言いながら対策を一緒に考え、また意地悪されるかもしれないという子どもの不安を取り除くことができます。

大人の世界でもこれは同じことで、よくわからない不満や不安の内容を聴きだすには、「どうして?」とか「なぜ?」とか聴くよりも、「どんなとき」「どこが」「どんなところが」などと聴くほうが、具体的な話が出てきます。

アドラーが、なぜこのように具体的ということを強調するのかと言えば、それは私たち

普通の人間は、放っておくとどうしても、抽象的な考え方をしがちだからです。**私たちは「生きるとは」とか「人生とは」とかというタイトルをつけるのが好きなのです。**

不安から抜け出せずに自殺した人たちの遺書などにも、しばしばそうした抽象的な言葉が書かれています。有名な芥川龍之介の「将来に対する唯ぼんやりした不安」や、やはり夏目漱石の弟子で、「人生は不可解なり」と言って華厳《けごん》の滝に飛び込んだ藤村操《ふじむらみさお》の例もあります。

彼らにもしカウンセリングの機会があれば、もっと具体的な話を聴けていれば、あるいは自殺を思いとどまらせたのでは、とも思えるのです。

「喧嘩」からは距離をおく

不満・不安への対策としては、家庭内暴力や子どものわがままやストーカーなどの問題にも、アドラー的な知恵で考える必要を感じています。

まずこれらの現象に対応するには、こうした事件は一種の「喧嘩」なのだということをよく認識することが大事です。喧嘩とは、相手がいるということだからです。

相手がいなければ、喧嘩にはなりません。ですから、**喧嘩を避けるためにはまえにもちょっと触れたように、親なり関係者なりが、その場にいないことが一番の方法です。その場にいなければ、一人で暴れたり、わがままを言ったり、人を付け回したりすることはできない**のです。

一人で暴れることがあったとしても、ますますエキサイトしてしまうことはないでしょう。ですから、そういう対象を切り捨てるか、フェイドアウトすることです。消えれば、一人で暴れていても、そんなに長くはエネルギーを使い続けることはできないので、少し冷静になるでしょう。

こちらにしても、少し離れれば、「ああ、そうか。あいつはそういうことで俺のことを怒っているのか」と冷静になれて、その怒りの意味をわかろうとする姿勢になれます。双方が興奮して言い合っていると、なかなかそういう余裕が出てきません。

夫婦喧嘩なども、喧嘩のあげく別居する場合がありますが、これも一種の生活の知恵と思えば、試してみる価値はあると思います。

家庭内暴力に悩んでいる家庭から相談されたときも、私は、この「いなくなる」ことを勧めています。子どもは、親を殴ってもすっきりできるわけではないので、ますますエスカレートすることになるからです。

そこで、「ダメ！　やめなさい」「お母さんにそんなことをして！」と止めようとすれば、なおさら怒りがふくらんでいきます。

ですから、私はお母さんたちに、痛い思いをするだけ損だから、いつでもホテルへ逃げこめるように、つねにポケットに一万円を持っているようにアドバイスしています。それは、お母さんを守るだけではなくて、子どもにそれ以上の暴力をふるわせないためにも必要なのです。

小さい子どもだったら、おもちゃをほしがって、ひっくり返って泣いているシーンをよく見かけます。こうした子どものわがままに、「今日はおもちゃは買わない約束だったでしょ」などと言っても、ますます泣きつのるだけです。

そういうときは、黙ってその場所から連れ出してしまうことです。お母さんからどんどん外へ出てしまえば、子どもはもう泣いてもムダとわかり、泣かなくなります。ほしい物を目の前に置いて、それをあきらめなさいというのは難しいのです。

ストーカーにも同じことが言えます。根負けして会ってしまうからなおさら追いかけてくるのです。しばらくは、身を隠すことです。会って、話し合って別れようというのは、絶対に避けたほうがいいでしょう。

これは問題から「逃げる」のではありません。**問題のよりよい解決、より早い解決のために「一時的退避」は、積極的に取り入れるべき対処**だと思います。

「決断できない」のは「決断したくない」から

何年も付き合っているのに、結婚の話になるとはぐらかされるという悩み訴える人生相談をよく見かけます。プロポーズの**決断ができない理由は、いろいろあると思いますが、一言で言えば、決断できないということよりも、決断できる状況にはないということ**だと思います。

これを**アドラー的に言えば、今、決断したくないからしない**のです。まえにお話した、奥さんと愛人とを両天秤にかけて決断しなかった男性のように、決定的に「この人だ」と思えないのでしょう。ですから、プロポーズの決断ができないというときは、まだしないほうがいいのです。

本当に結婚したくなれば、決断なんて簡単です。やはり、もう少し様子を見て、少し距離を置き、一緒にやっていけるのかをもう一度考えて、再確認してからでも遅くはありません。

何にでも言えることですが、一つを選べば、それを選ぶためにはたくさんのものを捨てなければいけません。結婚すれば、他の人と結婚の可能性がなくなるのです。世界中でたった一人だと思わない限り、決断はできません。もっといい人がいるかもしれませんし。そういう考えが浮かぶ間はプロポーズすべきではありません。

また、優柔不断の相手に決断を促したいときがあります。そういうときは、やはり、気持ちを伝えるべきでしょう。それが言えないのは、「ダメです」と言われるのが怖いからです。

ということは、「ダメです」と言われる可能性を、どこかに持っているということです。だから言えないのでしょう。「大丈夫。あの人は絶対自分を幸せにしてくれる」と思えば、「プロポーズしてくれないかな」と言えばいいのです。言葉で直接言わなくても、仕草で伝えるぐらいはやってみるべきでしょう。

また、第三者から見て、優柔不断すぎないかと言いたくなる場合もありますが、基本的には、余計なことは言わないほうがいいと思います。相手が相談してくるまでは、じっと待つことが大事です。

とはいえ、私くらいの年齢になると、今の若者が「元カレ」とか「元カノ」とかと平気で言っているのを聞くと、今の恋愛事情には疑問を感じることを付記しておきたくなるのです。

仕事を辞めないという決断をしている人

仕事を辞めたいのに辞められないと言う人がいます。しかし、これも私に言わせれば、じつは辞めたいのではなく、辞めたくないのです。辞めたくないから辞められないということです。

ですから、おそらく辞めることはできないでしょう。なぜならば、本当に辞めたいと思うのであれば、決断すればいいだけの話だからです。その決断をしていないということは現状を維持するということになるのです。

ただ、辞めたいという気持ちが起きるということは、何か理由があるのでしょう。ですから、辞めて解決しようとはせず、仕事をしながら解決の方法があるかなということは考える必要があります。

たとえば上司との折り合いが悪くて、仕事の中で自分だけ浮いてしまっているような気持ちになっているとします。それで辞めたくなっているのであれば、どうしたら、浮くことなく仕事ができるのかを考えればいいのです。

こうしたアドバイスを受けても、「いやいや、そういう問題ではなく、辞めるべきなのに決断がつかないだけ」と言う人もいるかもしれません。しかし、これは、やはり、辞められない自分に対する自己弁護です。

決断とは、文字どおり「全てを断つ覚悟で心を決めること」で、要するに辞める決断ができないのではなく、辞める決断ができないという決断をしているに過ぎません。

心のどこかで、「辞めたくない」と思っているのでしょう。要するに、辞めないという決断をしている自分にウソをついていることになるのです。

恋愛における主導権争いをやめる

異性に好意を持ったとき、どうしても相手に対して素直になれない場合があります。そういうときは、相手と主導権争いをしているのです。素直になってしまうと、相手に主導権を与えてしまうことになるからです。

どこかに、そういう気持ちがあるから、素直になれないのでしょう。たとえば、「ありがとう」という簡単な言葉でも、自分が言うまえに相手に言わせたいという思いがあって、素直になることの邪魔をします。

優しい言葉をかけてほしければ、自分から優しい言葉をかければいいのに、それができないのは、恋愛を競争のように捉えているからでしょう。相手に屈服したくないという気持ちが先に立ってしまいます。

ここで、「あなたは恋愛を競争と考えて主導権争いをしているんですよ」というアドバイスは残念ながら効果はありません。アドラー流に言えば、それには具体性がないからです。

ですから、もし私がアドバイスするとすれば、「どういう言葉なら言えますか」と聞いてみることから始めます。「好きと言うのはどうですか」と聞いて、「とても言えません」と言うのであれば、「それではありがとうは？」と。

それもダメなら「こんにちは、とか、おはようございます、なら言えませんか？」と、だんだんと素直に言える言葉を探していきます。言えそうな言葉が見つかったら、「にっこり笑って、おはようございますと言ってみてもらえますか」と言います。

そして、一週間ぐらい経ったときに、今度は、おはようございますの次に、「お昼、一緒に行きませんか」とか、「仕事のあと、何か予定ありますか」と言ってみることを提案します。

つまり、ステップバイステップなのです。すぐ全部というわけにはいきませんから、一つひとつ行動を変えて、そして関係を深めていくことです。口も利《き》いていない仲なのに、「おはようございます」と言うだけで、胸はドキドキでしょうから。

あるいは、いきなり好きだと言って、拒絶されるのが怖いということもあると思います。ノーと言われるのは負けてしまうことだから、負けるよりも引き分けのほうがいいと思ってしまうのでしょう。

恋愛における引き分けは、思い続けているだけの状態、何の進展もありません。言って見れば、それは人生を引き受けていないということなので、いい結果にはならないのです。

ですから、**恋愛においては、嫌われるリスクがあっても、どうしてもこの人が好きだったら、素直に言うのが一番**です。**主導権争いをやめること**です。**決着を付けて、ダメだっ**

たら次に行けばいいくらいの気持ちを持つことが大事なのです。

相手の過去には嫉妬《しっと》せずに受け入れる

菅原洋一さんの「知りたくないの」ではありませんが、「あなたの過去など知りたくないの」ということは、やはり、相手の過去に無関心ではいられないという気持ちの裏返しでしょう。そこには、相手の過去に嫉妬する気持ちがあるはずです。

アドラー的に言えば、具体的な話を聞いて、過去を再解釈させることが必要です。しかし、これはけっこう難しいものがあります。過去は、ともすると、偶像化され美しいものになりがちだからです。

よく、亡くした子どもには、元気に成長したほかの子どもは叶わないと言いますが、それと同じで、過去に別れた恋人は、実際よりも美化された形で思い出に残ってしまうことが多いのです。

再婚するときには、配偶者と死別した人は避けたほうがいいと言われるのも、亡妻にはいいイメージしか残っていないからです。

ですから、**過去は受け入れるしかありません。もし、嫉妬の感情がわいたら、「いろいろあったからこそ、今の自分がいる」という相手の言葉を受け入れることです。そして、自分を選んでくれたのだから、自分は、過去の人に勝ったのだと思えばいい**でしょう。

相手の過去は、あなたとの現在に比べて、もう小さなものになっているはずです。だから現在の幸せの中に、受け入れ呑み込んでしまえばいいのです。

もし、どうしても相手の過去が、相手やあなたの中でも小さくならず、嫉妬の感情を抑えることができないのであれば、結婚してもうまくいかないでしょう。別れるしかないと思います。

そんな不毛な努力をするより、**アドラー的に今、現在から未来に向けて、今の自分を大事に考え、相手の過去など呑み込んでしまえばいい**のです。

もし、お互いにぶつけ合わさなければならない感情や不満や不安があったなら、この章の最初からお話ししてきた「フェイント作戦」、つまり「一時的退避」作戦でも試みて、互いに頭を冷やしてみることです。

これはこの項の問題に限らず、人生のあらゆる場面で応用できるアドラーの知恵になるはずです。

第7章

変わらない他人も過去も、自分が変われば変わる

――難しい他人や運命と付き合うアドラーの知恵

運命にどう対処するかで人格が決まる

平安の昔、白河法皇（1053〜1129）が、「賀茂河《かもがわ》の水、双六《すごろく》の賽《さい》、山法師、是ぞわが心にかなわぬもの」と嘆いたそうですが、現代ではさしずめ、どんな権力者でも自由に変えられないものとして、人の運命や過去、難しい他人の心、思うようにならない自分の悩みなどがあげられるでしょう。

そうした変えがたいものに対して、どう対処していくか。そこにも生かせるアドラーの知恵はあるでしょうか。

「もし、何の悩みもなく生きていくことができれば」というのは多くの人が願うことでしょう。ですから、「悩みは決して悪いものではありません」と言ったら、反論が殺到しそうです。

しかし私は、アドラーが劣等感を成長の基と捉えたように、人間は悩むところにその成長の源があると考えています。悩みは、人間が成長していくために必要なものであり、悩みの中にこそ、その人を成長させるものがあるのです。

ですから、悩むことを良くないという考え方が強くなり、新型うつ病などという病名をつけてしまう最近の風潮がじつにもったいなく思えます。

この病名の下に、ちょっと辛かったり、少し元気をなくしたりしただけで、薬を処方して治そうとしてしまうからです。もし、それを取り除いてしまったら成長することはできません。

悩みに悩んで、悩みの本質に気がつけば、「そうか。こうじゃなくて、こうすればもっと良かったんだな」ということを考えます。そこで、一段、二段と、成長の階段を登ることができるでしょう。

あらゆる悩みは、他者との関係の中で生まれるというアドラーの考え方で言えば、人間、誰しも悩まないということはありえません。周囲のすべてが、自分の思うとおりになるということはなく、むしろ思い通りにならないことのほうが多いのです。悩みは尽きないはずです。

それは必ず衝突《しょうとつ》しますし、自分の思う通りに人を支配することはできません。**悩むという具体的なシチュエーションの中で、その悩みを上手に、自分の成長のために生かすことができれば、それほど結構な話はないと、私は思っています。**

ですから、私は、薬などの化学物質で、悩みを解消させることは、一種の人格否定とさえ思っています。それは、肉体的な苦しみや悩みにも言えることで、無闇《むやみ》にそれを断とうとするのは、それこそ、神の領域に踏み込むことに等しいのです。

たとえば、数か月まえ、あるアメリカ人が、安楽死を宣言して、自分で薬を飲んで亡くなったというニュースが報道されました。これも同じことで、脳腫瘍に侵された苦しみや痛みで悩んだであろうことはわかりますが、誰にも自分の命を縮める権利などありません。たとえ何であれ、苦しいことも辛いこともあるのが人生で、そういう中で最終コースを迎えて、初めて、自分の人生に意味がでてくるのです。途中で試合放棄してしまったら、その人の人生の意味はないのです。

しかし、この選択を拍手喝采《かっさい》する人も多く、疑問を持った人は少数派でした。私は、大いに危惧《きぐ》を感じています。

ここで思い出すのは、ナチスの収容所の実態を描いたヴィクトール・フランクルの『夜と霧』です。彼は、収容所でたくさんの人が死んでいく様を見ています。守衛を騙《だま》して生き抜こうという人がいる中で、他人の身代わりになって死んでいく人もいました。

フランクルは、そんな悲惨な状況の中で、生きる力を得るために、1日1回の笑い話を課すなどの工夫をしています。

運命を変えることはできませんが、その運命にどう対応するかで人格が定まり、人生は意味を持っていくものです。

今、日本は高齢化社会を迎え、５人に１人は認知症になると言われています。しかし、認知症患者が錯乱《さくらん》したとしても、そうやって自分を表現しているのだということを考えてあげるべきでしょう。

もちろん、それを治めるための薬は開発されています。それを使うことを否定はしません。しかし、もしそれが、人格を否定し、ただじっと静かにさせるためのものであれば、それは過剰医療だと私は思っているのです。

自分が変われば相手も変わる

何度も申し上げているように、人の悩みの大部分は、人間関係にあります。うまく行っていない関係を修復したいとか、愛する人に振り向いて欲しいとかという悩みを抱えています。

そのとき、私たちは、多くの場合、自分が変わることよりも、相手を変えたいという思いが強いものです。相手にいつも自分ばかり見ていてもらいたいとか、自分が理想としている異性像に合わせてほしいと考えてしまいます。

とくに、恋愛というのは、ある意味束縛しあうことです。したがって、相手を束縛して、自分の思い通りにしたいと思うのでしょう。それが極端な要求になってしまうのがストーカーです。

もし誰かを愛するようになって、その人に振り向いてほしいと思うのであれば、相手を思い通りにしたいと思ったり、相手がこれまでの態度を変えて何かをしかけてきたりするのを待っていてもらちはあきません。

もし、好きな人との「今」の状況を少しでも変えたいと思うのなら、思い切って「おはようございます」と言うなど、自分を変えるところから始めることです。そうすれば、相手は、いつもと違うのを見て、少しは意識してくれるかもしれません。

しかし、多くの場合、恋愛は、相手を変えたがるのです。これが一番の破綻《はたん》の原因なのです。なぜならば、相手がこちらの思うとおりに変わったら、それはロボットのようなものので、ありえないことだからです。

◆自分から挨拶をすることで相手も変わる◆

ですから、**相手に変わってもらいたいと思ったら、そのまえに、自分を変えることです。こちらが変われば、相手も変わるはず**です。挨拶もし合わなかった間柄が、こちらが挨拶をすることで、相手も挨拶をしてくれるようになるでしょう。

一事が万事、人間関係はこういうことでつくられていくのです。

つまり、**相手をどうこうしようかではなくて、自分をどうしようかというように、問題の解決策を立てる必要がある**のではないでしょうか。

言ってみれば、**相手に変化を求めるのではなく、自分に変化を与えることで、相手が変わるという図式がある**ということです。

俗にこのことを**「過去と他人は変えることができないけど、未来と自分は変えられる」と言います。決心さえすれば変えられる**のです。

たとえば、夫が遅く帰ってきたとき、「あなた、今日も遅いのね」と咎《とが》めていたあなた。ちょっと変えて「遅くまでご苦労様」と言ってみましょう。夫は、きっと、「今日は早く帰ろうかな」と思うようになるはずです。

このように、夫婦の間のコミュニケーションの様がちょっと変われば、今までとは違う関係をつくることができるでしょう。

朝、出社する夫を見送るときも、「行ってらっしゃい。ご苦労様。気をつけてね」と言うのと、「今日こそ早く帰ってこないとダメよ。ごはんが冷めちゃうんだから」と言うのでは、夫の気分も違ってきます。仕事への取り組み方まで違うことでしょう。

「共同体感覚」とは人間だけのものでない

いじめ問題も、ますます陰湿化する難題の一つです。子どもたちの心の表面的な理解ではなく、もっと踏み込んだ見方が必要でしょう。

あるお母さんは、子どもから、「どうしてヘビみたいな気味の悪い動物がいるの？」と聞かれたとき、「この世は人間のためだけにあるのではないからよ。ヘビから見たら、人間のほうが気味が悪いのかもしれない」と答えたそうです。

私は、この話を聞いて、こういう子どもは、動物を虐待しないし、まして人間同士である仲間のいじめには、絶対加担しないだろうと思いました。

おそらく、街中に出てきた熊が射殺されたというニュースを見たなら、熊を哀《あわ》れむ気持ちが芽生えるだろうと思ったのです。

もちろん、人間に害を与える動物は駆除せざるをえませんが、もしそれらの動物を哀れむ気持ちがなければ、それは人間の傲慢《ごうまん》さがきわまったと言うべきでしょう。

そういう意味で、ヒューマニズムというものを、根底から考え直す必要があるのかもしれません。ヒューマニズムには、「人間こそ、すべての頂点」という考え方がどこかにあるような気がするのです。

そうした考え方があるから、人間に害を与えているわけでもない猫を虐殺したり、保育園で飼っているウサギを傷つけたりして平気でいられるのです。

動物も人間も、命そのものは同じです。

ですから、人間の命を大切にするためには、地球の仲間である動物も大切にしなければならないのです。熊が街中に出てくるのも、人間が勝手にどんどん山を開墾《かいこん》して、熊のエサがなくなっているからでしょう。

彼らにとっては、餌がないから出ざるをえなかった必然の行為なのです。それなのに、邪魔だから、危ないからといって射殺してしまう。これは「変じゃないか」という疑問を持ち、熊に対する謝罪の気持ちを持ってほしいと思うのです。

アドラーの唱える「共同体感覚」というのは、人間だけのものではないのです。**地球そのものに、ひいては宇宙全体にあるものですし、しかも現代だけではなく、過去、未来も含めてあるもの**なのです。

というわけで、**ヒューマニズムは最高という考え方に、「でも人間だけだとしたら……」と思ってみることが大切**です。**動物の命も大事なのだ、ということが教えられないかぎり、人間同士の虐待やいじめもなくならない**でしょう。

もちろん、人間は魚や肉や野菜を食べなければ生きてはいけません。しかし、そのとき、「命をいただいている」という感覚を失ってはならないのです。日本人の「いただきます」

という言葉には、そういう意味がありますが、それを忘れてしまっているように思うのは私だけでしょうか。

それを忘れてしまっているから、必要以上に乱獲し、平気で捨て、食べるためではなく動物を殺すことも厭《いと》わないのです。

動物と人間の違いはここにあります。動物も、生きるために、他の動物を殺しますが、彼らは必要最小限度の殺生しかしません。そういう意味で言えば、動物よりも人間のほうがよほど邪悪な生物なのかもしれません。

地球の支配者面《づら》をするのは、そろそろやめたほうがいいようです。

心を開きあうには「沈黙よりおしゃべりが金」

昔、私がまだ修行中のことですが、ある教授から、これからするカウンセリングを、ハーフミラーの後ろから見ているように言われたことがあります。患者さんは40歳ぐらいのお母さんで、相談はご自分自身のことのようでした。

先生は、その女性に、「これからお話を聞きます。どうぞ」と言って、聞く姿勢をとったのですが、その女性は「よろしくお願いします」と言ったきり、何もしゃべりません。先生はじっと待っているだけで、双方黙ったまま40分が過ぎました。

そこで先生は、「時間だから、今日はこれで終わりにしましょう」と言って、次の予約を取りました。

「全然話がないじゃないですか」と私が言うと、「お互いの沈黙の中に成長があるんだ。君は、まだその沈黙の意味がわかってないんだね」と言われました。

じつは、私は、このカウンセリングに今でも疑問を持っています。黙りあいをしていることでわかるというのは無理です。自分の妄想のようなもので、「こうかな」「ああかな」と思うことはできても、その確認をしなければ本当のところはわかりません。

やはり、**人間関係が原因である悩みを解決するためには、お互いの意思を疎通《そつう》させなければならないのです。お互いが理解し合うためには、コミュニケーションが不可欠なのです。黙っていたのでは、相手を理解することはできません。**

日本には、「以心伝心」という言葉があるように、黙っているのが美徳と考えるようですが、それは、長年連れ添った夫婦など、長い付き合いの中で生まれるものでしょう。私は、それでも黙っているよりしゃべるほうがいいと思っています。

どう考えてもコミュニケーションは必要です。しゃべらなくても通じると考えるのは、やはりおこがましいことであり、そこにいるだけで、相手のことがわかるし、相手も自分のことをわかってくれるはずと思うのは、思い込みにすぎません。

さらに言えば、自分を他者に開くという「自己開示性」がないと、人と通じ合うことはできません。自分を開かないで、相手だけ開かせよう、見ようというのは難しくて当然です。自分が心を開いて、相手も心を開くのです。

専門家の中でも議論になることですが、カウンセラーはできるだけ受身でいて、相手に自由にしゃべらせるほうがいいと言う人もいます。しかし、私は、やはり、こちらが心を開かずに、相手にだけ開くことを要求しても無理だと思っています。

そして、話すときには、正直になることです。こちらが正直にならなければ、相手も正直にはなってくれないからです。

私は、初対面の人に、「私はすごくおしゃべりで止まらなくなるので、途中で止めてくださいね」と冗談めいて言うことにしています。それも、沈黙は金ではなく、おしゃべりこそ金だと思っているからです。

会話によってお互いの違いを埋める

というわけで、**人との関係をつくるためには、コミュニケーションが必要**です。**お互いが理解し合うためには、コミュニケーションが必要だということが大前提**なのです。お互いに黙って、恋人同士は見つめ合っただけでわかるというのもあり得ることですが、やはり、誤解やお互いの思い込みが両方ともにあるはずです。

なぜならば、**人間は何かを見るとき、必ず自分の主観で見ています。これはアドラーの考え方の基本で、「認知論」と言います。**ですから、**これは、自分の見方なんだということを認識しておかなければいけません。**

つまり、相手が自分のことを見るときは、相手の見方で自分のことを理解しているのであり、そこには当然見当違いが生じます。その違いを埋めるのが会話なのです。

よく客観的に言えばなどと言いますが、私たちは、客観的な見方をすることはまずできません。

我が家で飼っている猫だって、私が見る猫と妻が見る猫と、子どもたちが見る猫では、同じ猫でも違うわけです。共通点はあるかもしれませんが、まったく同じということはありません。

お互いの暗黙の了解で、違うということを認識し合っていればそれでもいいという考え方もあるでしょう。

しかし、**お互いの違いを、しゃべることで修正しないと、できるだけ事実に近いものをつかむことはできません。**

そのときに、まず自分がこういうふうに錯覚していますよということを言わなければいけないのではないでしょうか。

「たぶん私はあなたをこういう形で理解しているけれども、これはどうでしょうか」と言えば、「いや、あなたはそう思っているかもしれないけれど、私は自分のことをこういうふうに思っています」と言って、初めてそこで修正が始まるわけです。

悩める患者さんに対するときも、この原則は変わりません。アドラーもとてもおしゃべりでした。もちろん、ああしなさいこうしなさいという命令は禁物で、ほとんど質問の形でしたが、アドラーと患者さんの関係は、フィフティ・フィフティの関係で対等だったのです。

「心にもないこと」は伝わらない

まえに、子どもが自分に自信が持てず、自分を認める自己肯定感が持てないのは、親が引き算の子育てをしているからだと言いました。

これは、親が自分の頭の中で理想像を作り上げて、わが子を理想像から引き算してしまうことです。

では、ほめればいいのかということになるのでしょうが、この「ほめ育て」、必ずしもいいとはいえないので、ことは難しいのです。

たとえば、テストの成績が悪かったとき、悪かったことそのものは事実で、本人がダメだったとがっかりしています。そこに、何の根拠もなく「がっかりすることはない」と言っても、子どもは落ち込むばかりでしょう。

子どもが弾くピアノをほめたら、子どもが泣き出してしまったという話を聞いたこともあります。自分では失敗したと思っているのに、それをほめたお母さんの言葉にウソを感じたからでしょう。

要するに**「心にもないこと」、本当にそう思っていないことは、どんな巧みな言い方をしても伝わらない**のです。

子どもはそのウソを見抜いて、「そんなことを言ったって、ダメだったんだもん」と、なかなか立ち直ることができません。

そういうときには、ちょっと視点を変えることが必要です。一生懸命に勉強していたことを認めてあげて、それから、「勉強の仕方をこんなふうにすればよかったのかもしれないね」と言ってあげれば納得してくれるでしょう。これが「勇気づけ」です。

これが会社だったら、たとえば、部下が失敗したとします。そのとき、「おまえは日ごろの努力が足りないからじゃないか」などと言われると、ただでさえ落ち込んでいる部下は、ますます落ち込みます。

あるいは、努力が足りないと思っているのに、「努力はしたんだよな」と言ったとしても、本当にそうは思っていないのですから、部下も、上司の言葉で立ち直ることはできません。

このとき、言い方を変えて、「目標には行かなかったけれども、前回よりはこれだけ伸びているじゃないか。伸びていることは大切だよ。もう少し頑張れば100パーセントいくかもしれないな」と言ってあげれば、やる気が出て来るはずです。

締め切りに間に合わなかった部下には、「ダメじゃないか。ちゃんと締め切りが決まっているのに、ちゃんとやらないと会社が大変な迷惑するよ」は禁物です。

「一生懸命頑張ったけれど、少し間に合わなかったな。だから今度は少し可能なようなスケジュールを立ててやってみたらいいんじゃないのかな」ぐらいの言い方をすれば、抵抗感なく受け入れるでしょう。

言い方を工夫することで、「心にもないこと」ではなく、ウソのない言葉として、相手を落ち込ませることなく伝えることができるのです。

アイ（I）メッセージで相手に共感する

しかし、「本当に思っていないことは伝わらない」と言うと「努力も認められないし、成績は落ちるばかり、本当に思っていることを言おうとすれば、叱るしかありません」という場合もあると思います。

私は、それでも何か探せばあると思っています。誰もが成長するのだということを、覚えておけば、たとえば挨拶もろくにできなかったのができるようになったとか、笑顔が多くなったなど、何かあるはずなのです。

成長の早さが違っていて、優秀な人は早く、優秀ではないという人は遅いと思えば、成長しているところを見つけてあげることは、できるのではないでしょうか。

こういう視点で考えると、たとえば、業績の上がらない新入社員に対して、「一年目だからできなくて当然」と言うのはよくありません。まったく成長していないねと言うに等しいことだからです。

「入社した当時は、コピーすらちゃんと取れなくて、大丈夫かなと思ったけれど……」

「企画書を書くのに一週間以上もかかっていたのに、最近は三日で、しかも内容も相当よくなったね」

などと言ってあげればいいのです。

逆に、三日で書けたものが五日かかるようになったということもあるかもしれませんが、「内容を深めようとしたからだよね」などと、成長しているのだという方向から見てあげることです。

とはいえ、否定的なことを言わなければならないこともあります。そういうときに**気を**

つけなければいけないことが「ユー（YOU）メッセージ」です。ユーメッセージというのは、たとえば、努力が足りないということを指摘するとき「あなたは努力が足りない」と、「あなたは……」という言い方で伝えることです。

「ここが間違っている、あそこがダメだ」と主張するばかりの選挙演説を聞けばわかるように、**ユーメッセージは必ずトラブルの元になり、そこから建設的な結論は出てきません。議論にならないからです。**

アドラーは、この言い方を「断定のコミュニケーション」と呼んで、してはならないこととしています。

それでは、「断定ではないコミュニケーション」とはどんな言い方でしょうか。それが、ユーとは逆の言い方で「アイ（I）メッセージ」と言います。

これは、「私は、あなたは努力が足りていないと思う」と、こちらがどう思っているかを伝える言い方です。

つまり、努力が足りているかいないかの判断を相手に任せてしまうのです。こうすれば、対等の関係においての、意見の交換になります。

下駄《げた》を預けられた本人、「自分は努力をしているのかいないのか」を自分で考えなければいけなくなります。そこで初めて、これからどうするかと、未来を考えることができるのです。

移民の国で、多種多様の人々が住むアメリカでは、この「アイメッセージ」がちゃんとできないと、生きていけません。「ユーメッセージ」という断定のコミュニケーションをしていたのでは、決まるものも決まらなくなるからでしょう。

したがって、この、「私はこう思う」を伝えるための、アサーション・トレーニング（自己主張訓練）を小学校の二年生くらいからしているようです。日本人のコミュニケーション下手は、こういう訓練が不足しているからでしょう。

たしかに、日本の識字率は極めて高く、江戸時代から、字が読めない人はいなかったと言われるくらい、庶民にまで教育が行き渡っています。しかし、自分の意見を持つという能力に関しては、欧米に何歩も譲《ゆず》っているのです。

同じ意味で、**「ほめる」という行為も、「あなたは努力をしていて偉い！」というユーメッセージでのほめ言葉はあまりお勧めできません。それは、相手を上から目線で「評価」（判定・値踏み）していることになるから**です。

やはり、**相手に共感して、「私は嬉しい」とアイメッセージで伝えたほうがいい**と思います。上司と部下との関係でも、「この間の企画書を見て、私はびっくりしたよ」とか「成長しているなと思ったよ」などと、「自分が」部下の成長振りを喜んでいることを伝えることです。

アイメッセージならば何を言っても構わない

まえに、**人との関係をうまく保つために、「アイ（I）メッセージ」がいい**というお話をしました。

ここでは、それを元にして、相手の反応にどう対応するかについて、述べておこうと思います。

まず、**前提として述べておきたいことは、それがアイメッセージであるかぎり、何を言っても構わないということ**です。

つまり、何を言うにしても、自分を主語にすれば、たとえばお母さんが、「私は、おまえに医者になってほしいと思っている」とか、上司が「この間の企画書、あれじゃ、部長は不満に思うんじゃないかな。少なくとも、僕の感想だけど」など、言いたいことは言ってもいいのです。
むしろ、自分を主語にしないで本心を隠し、「何でも好きなことをしていいんだよ」「すごくいい企画書じゃないか」などと言うことのほうがよほど、相手を傷つけると思います。心にもないことを言っていることを、見透かされてしまうからです。

何を言っても、アイメッセージであれば相手は受け入れてくれます。ただし、それは、言われた内容について、そのとおり賛成という意味ではなく、「僕に対してこの人はこんなふうに思っているんだ」という意味で受け入れるのです。

ですから、相手の言うことに納得できれば、自分もそう思っていたとなりますし、納得がいかなければ、「納得できないな。僕はそうは思っていません」「ここのところはどうなんでしょうか」となるでしょう。

このように、相手の思いや言い分を受け入れた上でならば、反論もしやすくなります。「相手の言っていることはわかった、でもここのところが納得できない、ここが疑問だ」と、部分否定という形での反論ができるのです。

そこで、また、こちらも思ったことを言う、それにまた部分否定をするという具合に、話が進んでいけば、お互いの関係はより良好なものになっていくに違いありません。まえにもお話ししたように「ユー（ｙｏｕ）メッセージ」では、こういう関係を築くことはできないのです。

なお、「ユーメッセージ」は、「僕が、僕が……」も含まれるということを付記しておきたいと思います。たとえば、「僕がやるから、君は黙ってろ」と言ったら、これは立派な「ユーメッセージ」なのです。

「お願いね」の「ね」は命令・強制の言葉

「私はこう思う」というアイメッセージが、意見交換をするための議論を成立させるというアドラーの考えから言うと、「こうしなさい、ああしなさい」という命令形もしてはいけないことになります。

相手に、「ああするか、こうするか」の判断をする余地を与えていないからです。そういう意味で、じつは「お願いね」も、一種の命令形です。なぜならば、この「ね」をつけて言われると、相手は断ることができなくなるのです。つまり、この「ね」は念押しの言葉で、命令・支配するための言葉になりがちなのです。

たとえば、子どもに「洗濯物を取り込んでおいてちょうだい。お願いね」と言ったとします。この「お願いね」に対して、子どもは必死に抵抗します。「そんなこと言ったって、僕だって遊びに行く約束をしているからできないよ」と。

すると、お母さんはどう言うでしょうか。「ちゃんとお母さんがお願いしているのに、なんで言うこと聞かないの。ダメじゃない」となるでしょう。「ね」という命令に従わない子どものことを叱っているわけです。

ですから、こういうときは、「洗濯物を取り込んでくれるかな。お願いできる？」と、提案とか依頼の形で言えばいいのです。この場合、やっておこうかどうしようかの選択は、子どもの側にあります。

ですから、もし「今はできない」と断られたら、そこで、次の妥協案を示すこともできることになります。

「まだ生乾きだから、出かけるまえに取り込んでおけないのよ。だったら、遊びから帰ってきたとき、部屋の中に入れておいてくれないかな」という具合です。

そのくらいならできるということになれば、そこで交渉は成立するでしょう。そこで初めて「じゃあお願いね」と、「ね」をつけることになります。つまり、交渉が成立してのちの念押しの「ね」なのです。

こうした**命令形は避けましょうという主張の基本には、人間関係は、いつも対等であることが望ましいというアドラーの考え方があります。相手に何かやってほしいと思うときは、相手に「いや」と言える自由を認めなければいけない**ということです。

フラットな人間関係を広げる

次のような、夫婦のすれ違い物語があります。あるとき、妻が一生懸命に作った料理を、夫は、ほめるつもりで次のように言いました。

「ぐんと腕を上げたじゃないか。偉い偉い、これからも頑張るんだよ」

これを聞いた奥さん、なぜかすっかり不機嫌になってしまいました。夫のほうは、妻がなぜ不機嫌になったのかわかりません。

私に言わせれば、奥さんが不機嫌になるのは当然です。まず、「偉いね」です。

前の項で申し上げたように、これは「あなたは偉い」というユーメッセージです。つまり上から目線なのです。言われた奥さんは、「バカにされた」ような気がしたことでしょう。

次に、「これからも頑張るんだよ」です。私が、子どもに言ってはいけない三大禁句の一つにしているように、「頑張れ」は相手を励ますことにはなりません。むしろ、「今まで頑張っていなかった」と言われていると思ってしまうのです。

長野県茅野《ちの》市にある諏訪《すわ》中央病院の院長である鎌田實《かまたみのる》さんが、『がんばらない』（集英社文庫）という本をお書きになったのも、同じ意味でしょう。

一生懸命病と戦っている患者さんは、すでに精一杯頑張っています。そういう人々が「頑張ってください」と言われたら、「まだ頑張りが足りない」と言われたような気がするにちがいありません。

例にあげた、夫婦の場合にしても、「頑張れ」という言葉は、「頑張ればもっとできるよ」という、あてのない未来志向の言葉ですから、「頑張ってね」という未来形は避けて「よく頑張ったね」と、過去形で言ったほうがよかったと思います。

そして、奥さんが不機嫌になったもう一つの理由は、夫の上から目線が気に入らなかったことでしょう。明らかに、ユーメッセージになっているからです。

ですから、「頑張ったと思うよ」とか「上手になってびっくりしたよ」とかというアイメッセージにすれば、奥さんからは「ありがとう」という言葉が出たのに、惜しいことをしました。

こうしたアドラーの基本パターンから言えることは、アドラーが人間関係をフラットな形で広げて行きたいと思っていたということです。上から下へという関係を、できるだけ排除しなければいけないと思っていたのです。

最近は、地位の違いにかかわらず、人としては対等というアドラー的な考え方をする人が多くなりました。ですから、上から目線に対しても、すぐパワハラだと、厳しい視線が向けられているのでしょう。もっとも、あまり行き過ぎると、アドラーもびっくりするかもしれませんが。

楽しい思い出を話すことで今が変わる

こじれてしまった夫婦関係のカウンセリングをするとき、頑《かたく》なになっている夫婦の心を開く原則は、こじれている現在の話ではなく、恋愛時代の話を聞くことです。

出会ったころのことを思い出し、「こんなこともあったんだ」と忘れていたことを蘇らせると、関係が修復することが多いのです。どんなこじれた夫婦にも、楽しい思い出は必ずあるに違いないからです。

何年も経って、双方ともに最初の気持ちを忘れ、変わってしまったのですから、再び変化して、初心に戻ることが肝心なのです。

たとえば、二人で出かけたときのアルバムを持ってきてもらって、「これはどこへ行ったときですか」とか、「奥さん、ずいぶんお洒落《しゃれ》をしていますね」などと、具体的に聞いてみるのです。

すると、そのときのことを、「あのとき、蜂に襲《おそ》われて、大変だった」とか「お洒落をしているのは、初めて君の実家に行くことになって……あのときは緊張したな」など、抽象的ではなく感情を伴って思い出すでしょう。

これらの思い出は、二人がいい関係だったときの思い出ですから、気持ちはプラスになり、二乗、三乗になった感情が湧きあがってくるはずです。

実際にこの作業を繰り返しているうちに関係が修復し、離婚話も立ち消えになったケースがあります。

もし、「二人で来るのは嫌！」というくらいこじれてしまっていたら、写真を見ながら、

「このとき、ご主人は、そこに咲いていた花を摘《つ》んでくれたんですね」などと言えば、奥さんのほうが次第に変わっていきます。

ただし、できることなら、カウンセラーなり家裁の相談員なり、第三者がいるほうがいいと思います。

一人でアルバムを眺めていると、自分の色眼鏡が入ってしまい、「こんなこともしてくれたけど、あれはひどかった」などと、余計なことまで思い出してしまいかねません。何を食べるかでもめて、強引に好きでもないホルモン焼きを食べさせられた、などと嫌な記憶がよみがえってしまった例もありました。

また、**自分一人で思い出すことと、人に語ることではちょっと違います。語るということは、そこに人間関係が生まれるので、一種の行動と言えるわけです。まさに、アドラー的な方法だと思います。**

もちろん、その結果、「あのころはよかったのに、それに引き換え、今のひどさは何？」ということになる場合もあります。

しかし、今は楽しくなくても、楽しかったこともあったという記憶を蘇らせたあとならば、たとえ別れることになっても、いい思い出を胸に、別れを告げることができます。相手に対する見方も少しは変わることでしょう。

楽しかったことが全然なかったというのと、一回でもあったというのとの違いは雲泥《うんでい》の差ほどあります。横暴なお父さんに育てられて道を誤った子どもが、幼いとき、一回だけ遊園地に連れて行ってもらったことを思い出し、それをきっかけに立ち直ることもありうるのです。

さまざまな変えがたいものの中で、やはり人の心は、変えられそうで変えられないなかなかの難物《なんぶつ》です。しかし、本書の中のいくつかの知恵は、あなた自身を変え、あなたの変えたい人を変えるために、ひいてはより良い未来を築くために、きっと役立ってくれるでしょう。

おわりに

最後までお読みいただき、ありがとうございました。

最近、アドラー心理学関係の本がたくさん出版されるようになりました。皆、すばらしい本だと思います。アドラーという人のものの考え方に触れることで、生きる上でなにか役立つ情報を得られるでしょう。

ただ一つ考えておくべきことがあります。それは、アドラー心理学を知識で覚えることは、あまり役に立たないということです。**アドラー心理学は、実践の心理学**です。他の心理学より具体的な、実践に役立つノウハウが、これを私は知恵と呼んでいますが、とても詰まった心理学なのです。

この本に書かれたいろいろな知恵は、実際に私が実生活でも、カウンセリングの中でも、効果があったものです。読者の皆さんもこの本の中の知恵を、一つでも二つでも実践してみてください。自分の生活にどんなに役に立つか、実感してもらえるのではないかと思います。

アドラー心理学の用語に、〝**Yes and But**〟という言葉があります。「**総論賛成、各論反対**」という意味です。〝**Yes and Do**〟という言葉もあります。「**総論賛成、それではやってみよう**」という意味です。「そうかもしれない。だけど……」と言うのは結局、否定の形で終わります。

そうではなく「**そうかもしれない。よしやってみよう**」と考えることで、人生において建設的な結果を得ることが出来るのです。

星　一郎

装丁　村橋雅之
本文イラスト　堀江篤史

【著者紹介】

星　一郎（ほし　いちろう）

1941年、東京生まれ。東京学芸大学卒業。元日本アドラー心理学会評議員。

心の東京革命推進協議会専門員、子育てボランティア団体「わいわいギルド」代表。

専門は個人カウンセリング、個人心理療法。アドラー心理学に基づいた、子どもの能力を開花させる子育てや子どもへの対処法には定評がある。

著書に『アドラー博士の子どもが素直に伸びる20のしつけ法』（サンマーク文庫）など多数ある。


わたしの明日が変わる！

アドラーの知恵

二〇一五年五月十五日　第一刷発行

著　者＝星　一郎
発行者＝下村のぶ子
発行所＝株式会社　海竜社
東京都中央区明石町十一の十五　〒一〇四―〇〇四四
電　話　（〇三）三五四二―九六七一（代表）
ＦＡＸ　（〇三）三五四一―五四八四
郵便振替口座＝〇〇一一〇―九―四四八八六
ホームページ＝http://www.kairyusha.co.jp
本文組版＝株式会社キャップス
印刷・製本所＝中央精版印刷株式会社

ISBN978-4-7593-1407-6　C0095